Didier Rittener

MUSÉE CANTONAL DES BEAUX-ARTS, LAUSANNE

jrp|ringier

LES SIAMOIS, 2004

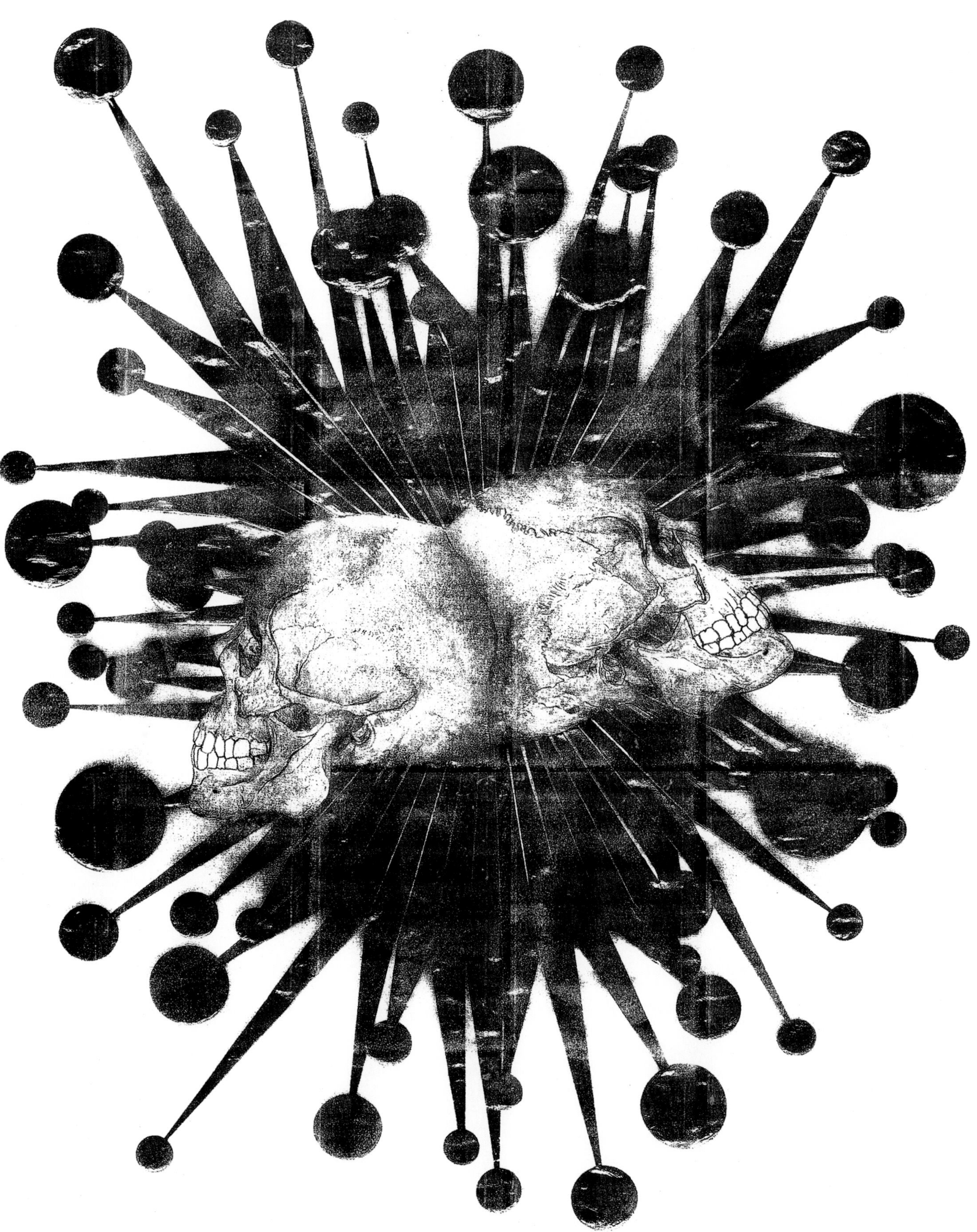

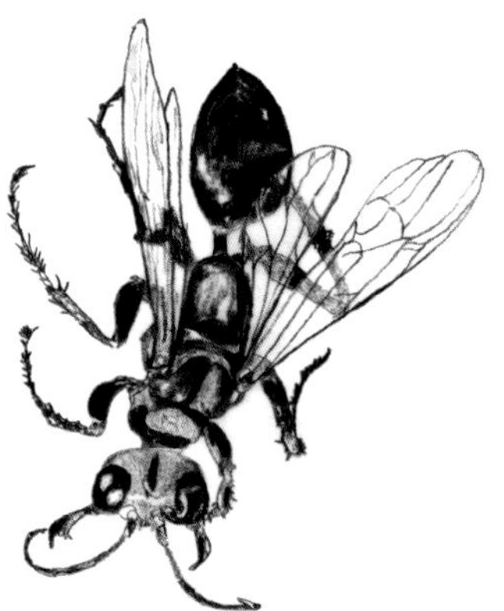

Avec discrétion, élégance et précision, le travail de Didier Rittener se concentre sur l'une des problématiques essentielles de notre époque : la condition de l'image dans le régime post-spectaculaire de notre société. Non pas que notre production visuelle contemporaine n'ait plus partie liée avec le spectacle, mais parce que celui a progressivement recouvert la réalité, obligeant chaque regardeur à une lecture de plus en plus « fine » du réel et de ses médiatisations. Par l'entremise du dessin (privilégié par choix autant, peut-être, que par « réserve »), qu'il déploie dans les espaces d'expositions par transfert, application murale ou sous forme de larges feuilles simplement punaisées, l'artiste dresse ainsi un poétique inventaire d'une réalité hybridée des projections de son imaginaire. Personnages de science-fiction, monstres et formes abstraites, entrent en collision avec des images médiatiques et des représentations réalistes, selon des procédures qu'éclairent les deux essais réunis dans cet ouvrage.

Lauréat du « Prix Manor 2005 », Didier Rittener est un artiste qui vit et travaille à Lausanne, où il déploie également son énergie au sein du collectif Circuit. Nous sommes très heureux d'avoir pu associer le Musée cantonal des Beaux-Arts de Lausanne à cette récompense et nous réjouissons que l'exposition en résultant indique avec autant de justesse certaines des préoccupations qui sont les nôtres aujourd'hui. Nous nous félicitons également de pouvoir associer la Kunsthalle de Saint-Gall à la manifestation et la présente monographie, gage supplémentaire d'une diffusion du projet et du travail de Rittener dont nous ne pouvons que reconnaître le bien-fondé et encourager le développement d'étapes ultérieures. C'est là l'une des tâches à laquelle notre institution, dans sa forme actuelle comme dans celle qu'elle devrait, nous l'espérons, prochainement prendre, se soumet et se soumettra avec un plaisir toujours renouvellé.

With discretion, elegance and precision, Didier Rittener's work concentrates on one of the essential problems of our time: the condition of the image in society's post-spectacle system. Not because our contemporary visual production is no longer linked to the spectacle, but because the spectacle has progressively concealed reality, obliging each viewer to make a more and more refined reading of the real and its mediatizations. Through the mediation of drawing (privileged as much by choice, perhaps, as by a certain reserve), which he deploys in exhibition spaces by means of transfer, wall application, or in the form of large sheets simply pinned to the wall, the artist draws up a poetic inventory of a hybrid reality of imaginary projections. Science-fiction characters, monsters, and abstract forms come into collision with media images as well as realistic representations, according to a methodolgy on which the two essays included in this publication shed light.

Winner of the "Prix Manor 2005," Didier Rittener is an artist who lives and works in Lausanne, where he also expends his energy at the heart of the collective "Circuit." We are very happy to have been able to associate the Musée cantonal des Beaux-Arts of Lausanne in this award and we are delighted that the resulting exhibition demonstrates with such accuracy certain of our preoccupations today. We are also very pleased to include the new Kunsthalle St.Gallen in this event and monograph, an additional pledge for the circulation of Rittener's project and work. Hosting and developing such a contemporary art project is one of the tasks of our institution, both today and in the future.

→
VUE D'EXPOSITION, 2002

→ →
UN JARDIN ÉTRANGER, 2003

→ → →
TAPISSERIE, 2002

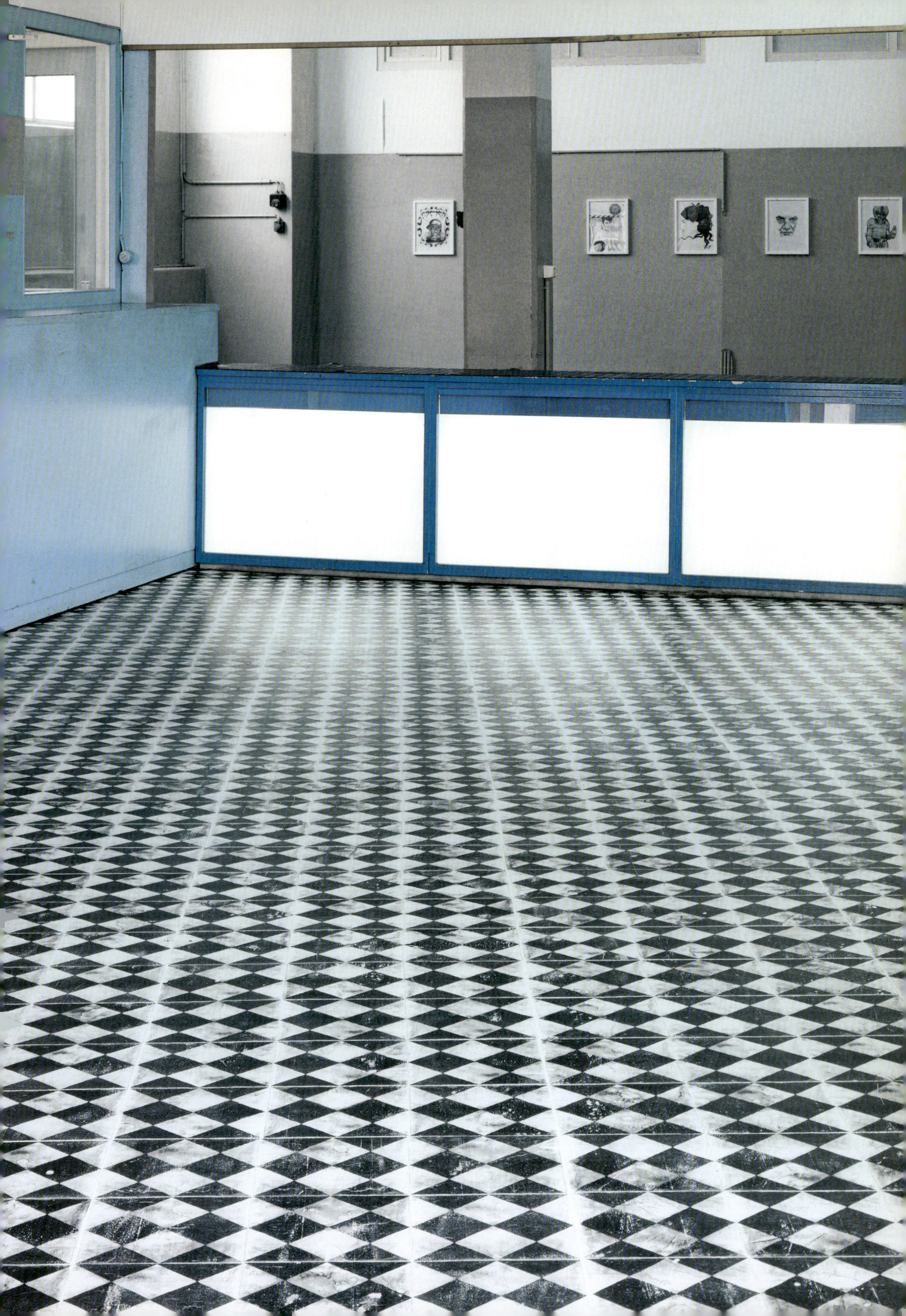

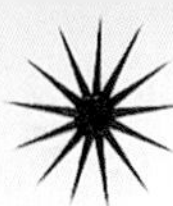
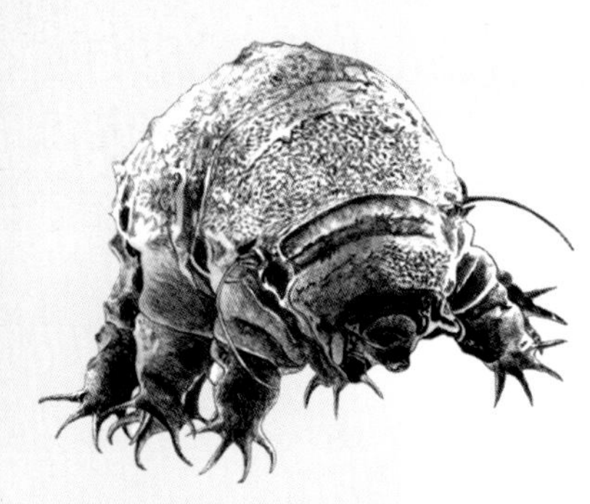
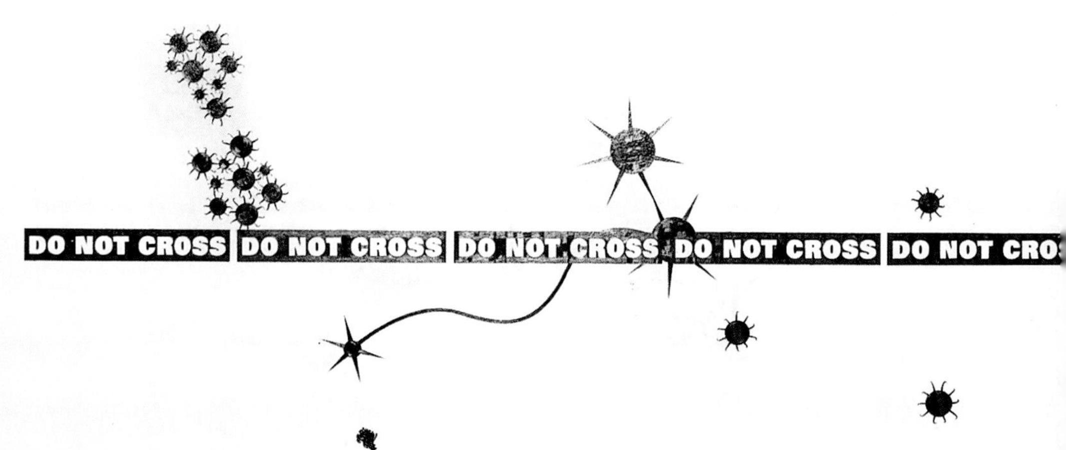

DO NOT CROSS DO NOT CROSS DO NOT CROSS DO NOT CROSS DO NOT CRO

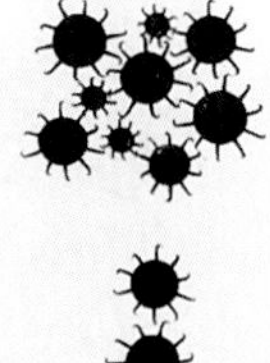

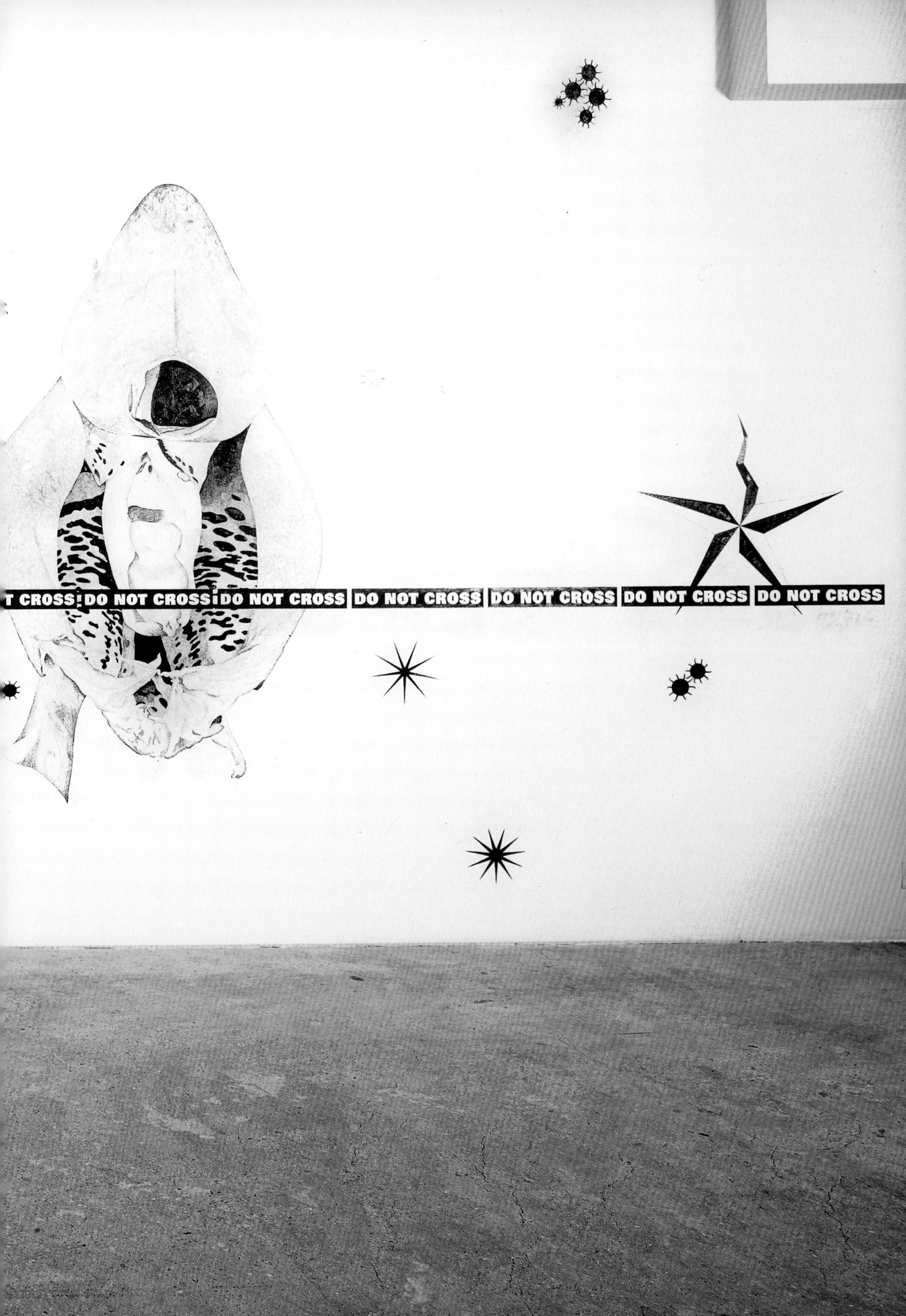
T CROSS DO NOT CROSS DO NOT CROSS DO NOT CROSS DO NOT CROSS DO NOT CROSS DO NOT CROSS DO NOT CROSS

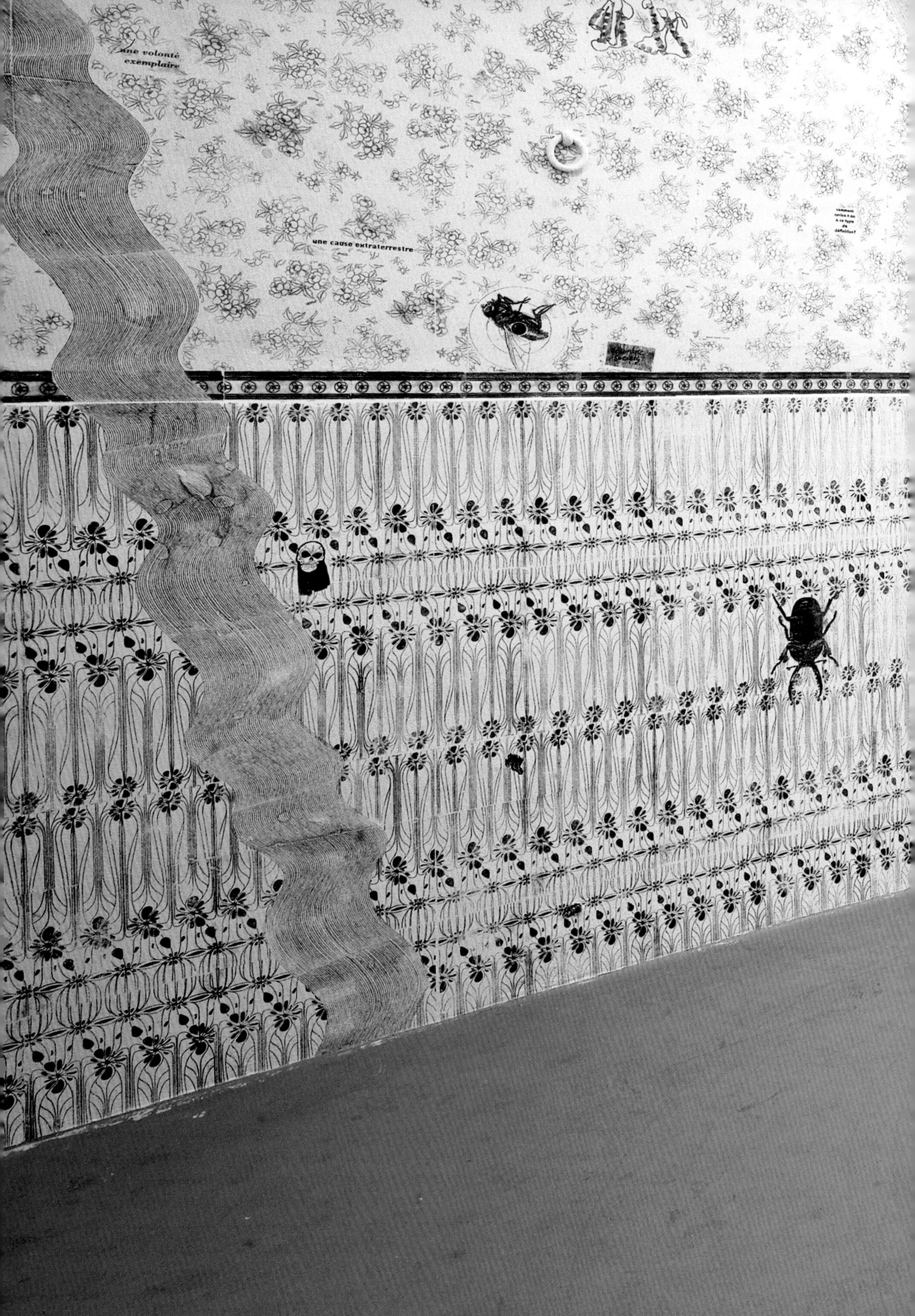
une volonté
exemplaire
une cause extraterrestre

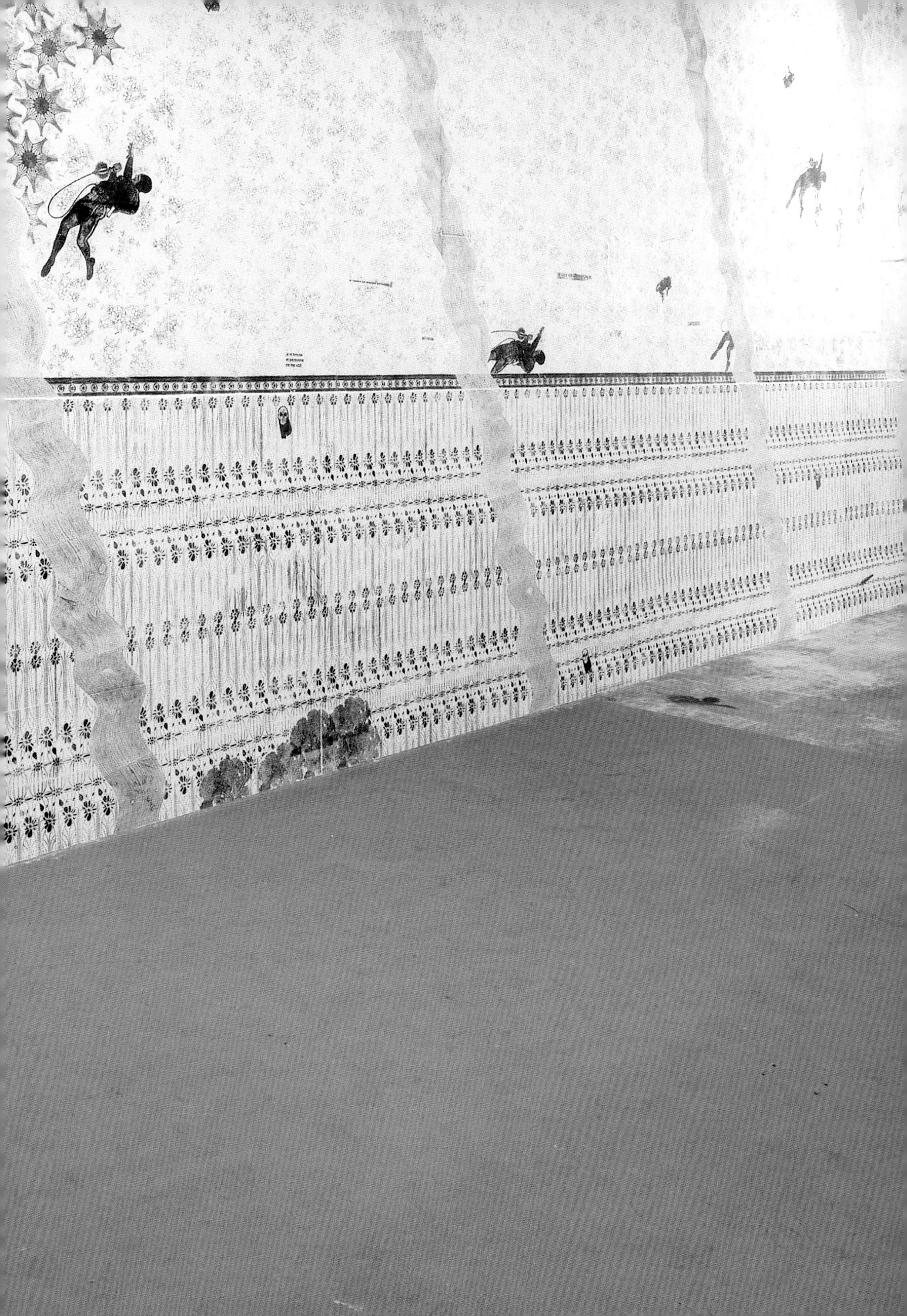

RALF BEIL

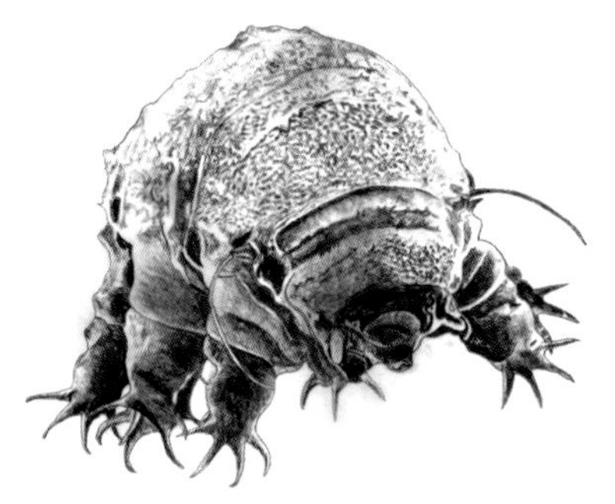

Quel genre d'étoile est-ce là? Un objet céleste, fabriqué en chêne.[1]
Une image d'ailes réfléchie, entrecoupée d'une croix? Un X orné de
plumes tout au long de sa partie médiane? Le travail mural de Didier
Rittener provoque un effet aussi mystérieux qu'irritant. Notre mémoire
de l'image, avec laquelle il joue, nous fait pressentir qu'il y a là une
signification, même lorsqu'elle n'est pas localisable. Ce qui, au niveau
de l'histoire de l'art, apparaît comme un curieux croisement entre ces
ailes d'ange dentelées typiques du Haut Moyen Âge et le minimalisme
pictural du Frank Stella des années 60, ses *shaped canvases* en forme
d'étoiles et de croix[2] – abrégés d'archanges à tout jamais courroucés,
affrontant l'héroïque autonomie iconique de l'avant-garde d'après-
guerre –, fait naître au niveau sémiotique un symbole de domination et
de distance tout aussi hybride que nimbé d'aura. Dans le relief en bois,
ce symbole gagne résolument de l'espace, sans que le sens ne s'en
trouve éclairci. Que reste-t-il? Un mystère, oscillant de manière inquié-
tante entre l'avertissement, l'interdit et la menace.

Deux têtes de mort, ayant manifestement appartenu à des jumeaux
siamois, puisque rattachées au niveau de la boîte crânienne, ricanent,
laissant paraître à droite comme à gauche une parfaite dentition. Elles
sont sous-tendues par un faisceau de rubans de graphite évoquant
des neurones, qui se terminent en pointe et dont les extrémités acérées
débouchent sur des formes circulaires.[3] Se détachant de cet arrière-
plan, ou mieux, de cette auréole d'une effervescente visualité, la mutation macabre – transfert imagé d'un trophée scientifique de l'aube de
la médecine moderne –, devient une figure qui oscille entre une finitude
humaine dépassant la norme et une énergie chargée de psychédélisme,
sur fond de *Gothic Pop* bizarre.

Les sculptures, tout comme les dessins de Rittener, livrent une réponse
aux questions essentielles que suscite la production iconographique
de l'époque actuelle: comment faire face à cette transformation sans
précédent de l'image en produit de masse? Selon quels critères choisir?
Comment, en ce début de XXIe siècle, parvenir encore à établir des
priorités dans nos sociétés industrielles occidentales, post-idéologiques,
largement commercialisées, souvent dépourvues d'illusions et générale-
ment dénuées d'utopies?

* * *

En accord avec l'époque, la distinction ne s'effectue plus dans l'œuvre
de Didier Rittener par la présentation d'un quoi clairement défini, mais
par un comment de l'évocation, d'un hybridisme catégorique. En cela,
son travail semble se rattacher sur le plan artistique à l'analyse de
fond à laquelle Bruno Latour[4] procède dans son ouvrage *Nous n'avons*

jamais été modernes : dès 1991, l'auteur a démonté le mythe moderne des «Grandes Divisions», pour constater en contrepartie la prolifération des hybrides en tant que réalité sociale.

Chez Didier Rittener, recette et concept artistiques sont fondés sur l'appropriation, l'assimilation et le croisement d'éléments visuels provenant de tous les médias imaginables : journaux de mode, prospectus publicitaires, publications spécialisées, photos de films, ouvrages littéraires, albums d'échantillons, catalogues d'art, quotidiens. L'isolement de ces éléments de leur contexte initial, et leur introduction dans un nouveau rapport plastique s'effectuent librement selon le principe surréaliste – encore valable pour Rittener – de vouloir joindre l'inconciliable[5]. Or, précisément, dans cette signalisation toujours visible de la disparité des segments d'images et des fragments de réalité, une telle démarche peut capter la vision actuelle du monde et la réfléchir subjectivement dans un nouvel ordre. Voilà qui obéit au principe tout aussi écologique qu'économique du recyclage. Non pas produire quelque chose en propre, mais réutiliser délibérément les parties individuelles de la profusion déjà existante, telle est la méthode toute simple de l'artiste pour constituer résolument son propre présent artistique. Le but est d'obtenir une nouvelle symbolique, tout aussi irritante qu'hybride.

Le recyclage de Didier Rittener procède d'un curieux mélange de travail manuel et de *high-tech*, que l'on peut également qualifier d'hybride. Tantôt l'artiste décalque ses motifs à la main, tantôt il les scanne et les manipule pour les copier sur papier calque, seulement après impression des fichiers d'images ainsi obtenus. Les motifs à la fois nivelés et révélés par le médium via le décalquage à la mine de plomb, peuvent, une fois copiés sur une feuille transparente, être projetés, selon la situation et les besoins, comme modèle sur le mur, et développer, par leur nouvelle exécution au crayon, une vie propre *in situ* en tant que dessin. Mais ils peuvent aussi être fixés à l'aide d'une technique de transfert particulière sur des feuilles de papier de grand format : par agrandissement des copies de calques au moyen de photocopies, dont l'encre s'étale ensuite sur les supports d'image grâce au trichloréthylène.[6] Dans tous les cas, la réalité des travaux oscille perpétuellement – sur un mode aussi imperceptible que contemporain – entre l'original et la copie. Cette ambivalence inhérente à l'œuvre vaut aussi pour les objets sculpturaux de Didier Rittener, qui, dans leur apparence, évoquent, telle *Danger zone*[7] de 2003, une production industrielle en série, alors qu'ils se composent en réalité d'objets en bois peints à la main.

* * *

Qu'il s'agisse de musique, de théâtre, d'architecture, de mode ou de la culture des jeunes, la *Fusion culture* sévit partout à l'heure actuelle, véritable *sampling* ou *material-mix* d'éléments *label* ou *no-name* déjà existants, dans le but de réaliser une création d'une hétérogénéité marquante, avec une note personnelle et un profil d'une coloration consciemment subjective – selon la devise «decision making»[8], qui va au-delà de l'«anything goes» jadis proclamé par les post-modernes[9]. Le travail de Didier Rittener se réfère lui aussi à une culture de fusion

subjectivée comme principe fondamental : il s'agit d'un véritable télesco-
page, transfert ou chevauchement de symboles, styles, genres et époques.
Il est significatif de voir que déjà sa technique du copiage de motifs
par calque avec transfert chimique et suite paradoxale de production de
pièces uniques en série – puisque les transferts, même avec un modèle
semblable, sont toujours différents – se réfère à la tension, investie dans
le *sampling*, d'un matériel étranger approprié. Le phénomène vaut aussi
pour les sculptures de Didier Rittener, qui chargent de contenu les
formes réduites des matériaux les plus divers, comme dans la «*Danger
zone*» mentionnée ci-dessus, où les objets au sol, recouverts de peinture
synthétique, évoquent des mines antipersonnelles. Didier Rittener
travaille ici avec un virulent potentiel allusif de formes minimales multi-
pliées et leurs contenus résiduels, qui ne sauraient être fixés en fin de
compte, mais sont d'autant plus évocateurs.

Même si à première vue, une bonne part d'éclectisme semble émaner de
l'œuvre de Didier Rittener, et notamment de ses dessins, tout n'entre
de loin pas dans son univers privé. Qu'il s'agisse d'une bande dessinée,
d'un fragment de texte, d'un dessin architectural, d'une étude biologi-
que ou d'un portrait de star provenant d'une revue très tendance, la
matière première artistique doit irriter l'artiste, doit posséder, à elle
seule ou en association avec plusieurs éléments visuels, tout un potentiel de séduction. Ce n'est guère un hasard si Didier Rittener ne cesse
de citer des mondes médiévaux ou des perspectives de la Renaissance,
qui, en soi, n'ont plus cours depuis longtemps, mais détiennent un
pouvoir d'évocation élevé et se réfèrent à tout un capital d'expériences
humaines fondamentales, capables de faire encore vibrer la corde
sensible chez l'homme d'aujourd'hui.

* * *

Autant le procédé de copie de l'artiste apparaît contemporain – sorte
de réanimation sans prétention de l'ancien *Copy-Art* mort-né des
années 80 du XXe siècle sous des auspices plus complexes – autant ici,
les images et les textes sont réunis par Didier Rittener à la manière du
scriptorium médiéval : sur un mode très concret dans *Libre de droits*, un
ouvrage récemment publié[10]. Comme l'indique le titre, l'artiste a établi
une banque de données libres de droits pour de futurs projets, mais en
même temps, il revitalise pour elle-même l'idée des livres de présentation,
qui, surtout au Moyen Âge et à la Renaissance – mais aussi bien au-delà,
de facto jusqu'à l'Art déco –, servaient de catalogues d'échantillons pour
aider les artistes, artisans d'art et architectes à réaliser leurs œuvres.
En écho à cette pratique historique, Didier Rittener réduit consciemment
son matériel de base dans un recueil de modèles personnalisé selon l'esprit actuel, et partant, établit une sorte de canon d'images personnel : un
monde de références propres, susceptible de générer constamment des
images nouvelles par lui-même.

Ce n'est pas seulement sur ce point précis que la pratique artistique de
Didier Rittener peut se comprendre comme réaction créative à la perte
définitive de repères fixes dans l'époque actuelle, ainsi que l'a résumé une
nouvelle fois l'écrivain allemand Christoph Peters dans son roman

publié en 1999, *Stadt Land Fluss*. Ouvrant des perspectives contemporaines à l'aide de pensées éclairs qu'il livre staccato, il écrit: «Le Moi en tant que centre (auto)mobile de l'univers. (...) Dieu, qui a toujours tout vu sous tous les angles en même temps, devient 1) mathématiquement inconcevable, 2) dénué de sens, car le monde a volé en éclats et ne le reflète plus. Les êtres humains et les choses sans relation (...). Chacun file à toute allure dans son propre tunnel vers sa propre destination, (...). L'univers s'élargit inexorablement. (...) L'espace est vide.» [11]

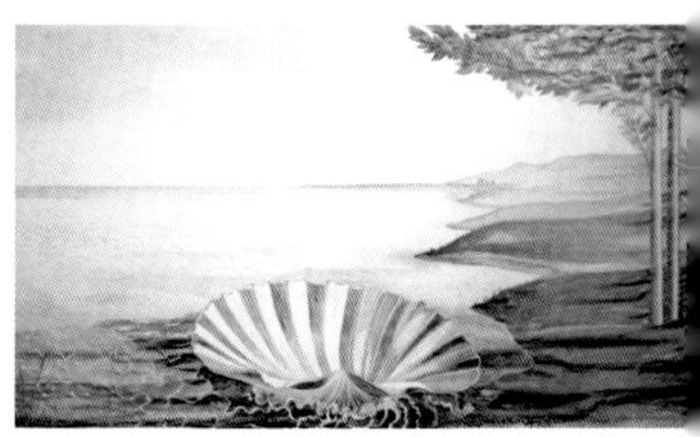
NOUS SOMMES LE MONDE, 2003

Didier Rittener matérialise cette perte de sens, ce vide qui se propage, en évacuant véritablement de manière programmée des scènes picturales célèbres au travers de l'histoire de l'art occidentale. Dans sa transposition de *L'escarpolette* par exemple, ce monument d'érotisme de Fragonard, il supprime tous les personnages: la demoiselle sur la balançoire, les deux galants qui impriment le va-et-vient, sans oublier l'escarpin du désir qui s'envole dans les airs. Il ne reste plus que des *putti* en pierre pour animer le lieu délaissé, envahi par une végétation luxuriante. Le coquillage de la *Vénus* de Botticelli est aussi vide que son environnement est dépouillé et lointain. [12] Sans la présence de la Vierge et de l'archange Gabriel sous les arches de la loggia, la célèbre scène de l'*Annonciation* de Fra Angelico ne semble guère plus qu'une vue architecturale. Privée du randonneur qui a donné le titre au tableau de Caspar David Friedrich, *Wanderer über dem Nebelmeer (Promeneur au-dessus de la mer de nuages)*, la version de Rittener n'est désormais que rochers et pathos nébuleux. La dominance de religion et d'éros, de métaphysique et de philosophie naturaliste dans l'histoire (de l'art) se volatilise dans le renoncement aux figures, motifs et thèmes qui transcendent l'espace plastique fictif. Une aura d'absence erratique émane des dessins calqués de la grande culture du passé.

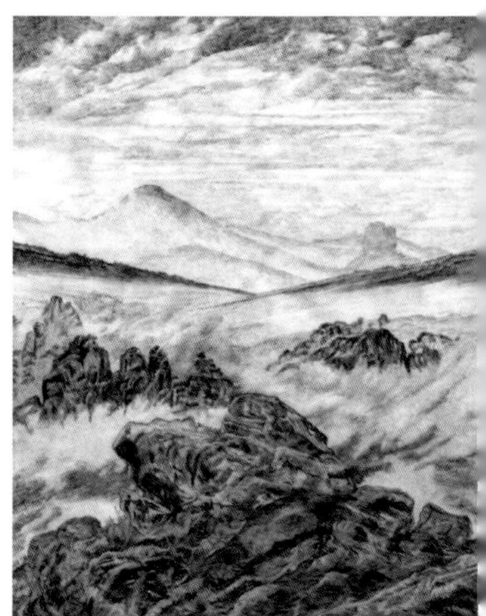
PAYSAGE, 2003

* * *

Réagissant à ce vide caractéristique, sous-tendu par un manque de relation métaphysique entre l'être humain, la chose et le monde, Didier Rittener tente de créer de nouveaux liens radicalement subjectifs, qui témoignent d'un potentiel d'évocation (sur)réel significatif, au lieu de tourner autour ou à l'intérieur de l'image. Chez Rittener, l'art reste donc encore et toujours une vision du monde – même dans le moindre trait décalqué. L'on n'a bien évidemment pas affaire à un regain de transcendance, mais à une brève illumination au milieu de toute l'immanence, à une abrupte étrangeté du vide devenu quotidien, qui – paradoxe du présent – est plein à craquer du *white noise* des médias, des images et des voix. C'est précisément de ce *white noise* que Didier Rittener détache sans cesse des éléments d'une surprenante visualité.

Il n'est que de citer une mouche fixée au milieu d'une cible – dont le centre noir lui transperce pour ainsi dire le corps – apparaissant en gros plan au-dessus d'une structure de corail en éventail, et contrastant avec le graphite gris des empreintes de doigts et de la paume de la main. Ou encore la sollicitation «Touche-moi» se présentant sous huit sortes et grandeurs différentes de caractères, réunies sur une feuille: *le credo de notre époque, pétrie d'émotions médiatisées et d'informations commu-*

niquées par écran. Cette répétition du désir d'être touché suscite tout
simplement la question de ce qui peut encore vraiment nous toucher –
sur le plan réel comme émotionnel – à l'époque du *touch screen* omniprésent. C'est également du *white noise* que surgit une *femme fatale* au
maquillage sombre, sortant tout droit de la mode glamour morbide des
années 90. Par la simple omission des pupilles lors du processus de
décalque, elle prend l'allure d'un macabre zombie.[13] Ou enfin ce cafard
vu de dessous et démesurément agrandi, qui, entouré de traces de
réalisation au graphite, semble poser solennellement, à mi-chemin entre
une divinité hindoue à six bras et un guerrier extra-terrestre du monde
de *Star Wars*. Encore une figure qui oscille entre divers pôles, et montre
que tout n'est qu'une question de dimension et de position.

C'est ainsi que les transferts de Didier Rittener deviennent une réflexion
curieusement actualisée sur le dessin, le signe et le signifié. La dé- et
recontextualisation de ses éléments plastiques vise en même temps, dans
une fuite en avant, à une appropriation subjective de l'opulence visuelle
du présent, en tant que réservoir de valeurs restant toujours à découvrir. Aussi un portrait de femme intimiste de Jawlensky[14] a-t-il autant
accès au répertoire qu'un mutant de science-fiction susceptible d'être
cloné[15] si nécessaire. Ce n'est pas par hasard si « Work period / prendre
conscience de l'irréductible et splendide diver-sité » est inscrit sur
l'une des pages des textes et images de *Libre de droits* à côté de l'expression-clé « eccentric society », formule judicieuse pour qualifier une
société d'abondance, qui se complait dans un égoïsme forcené, a perdu
son centre et s'avère totalement médiatisée.

Il n'y a plus rien en elle d'original, au sens strict du terme. Mais il existe
encore des potentiels d'évocation. Didier Rittener ne les rassemble
pas seulement dans ses symboles et objets hybrides : il les (re)produit
consciemment. Il parle lui-même – en se référant notamment, mais pas
seulement, à ses objets – d'un « minimalisme émotionnalisé qui devient
symbole »[16]. Ses éléments sculpturaux comportent toujours un facteur
de danger latent, une subtile capacité d'irritation, un singulier pouvoir
de déstabilisation. Mines sans charge explosive, logos sans message
(publicitaire)[17], blasons sans propriétaires ni domaine[18] – lieux vacants,
ici ou là, signalant des manques, aussi bien réels que symboliques.

* * *

Face à la perte massive de religiosité et d'orientation vers 1900 qui
culmine dans la formule nietzschéenne du Dieu mort ainsi que dans les
fuites contradictoires vers le symbolisme, le spiritualisme et les divers
paradis artificiels, les trois questions-clés de Paul Gauguin « D'où
venons-nous ? Que sommes-nous ? Où allons-nous ? »[19], se posent encore
et toujours cent ans plus tard, à l'époque d'une information inflationniste, d'une disponibilité non maîtrisée, d'un libre flottement de particules
de sens, d'une désorientation croissante. Loin d'esquiver l'abondance
des questions que suscite l'époque actuelle, Rittener nous confronte à
elles dans son univers personnel d'images et de symboles. Dans les
meilleurs moments, quelque chose vient ouvrir les yeux librement après
Adorno. Le détail peut sembler parfois dénué de sens, mais l'ensemble

devient l'image de l'ambivalence fondamentale de notre présent, qui, nichée dans les fissures d'objets et les traces de graphite des œuvres d'art, s'infiltre tel un virus dans l'univers de l'observateur, s'y accroche et se développe.

Lions, rais de lumière, cerfs, étoiles : face à toutes les questions ouvertes, apparaît ici un bestiaire énergétique d'une espèce singulière, culminant dans des symboles devenus sauvages, tel ce segment s'apparentant à une croix gammée transformé en mille-pattes.[20] Le transfert d'énergie joue un rôle essentiel dans le laboratoire visuel de Didier Rittener. Rattaché à diverses séries de motifs émanant du passé et du présent, tout un monde d'images, étrangement chargé de tensions surgit ici. Dans sa logique hybride, ce monde est bien le reflet du nôtre. Fortement implanté dans l'histoire de l'art, il n'en détient pas moins un formidable pouvoir évocateur pour ceux qui s'exposent aux symboles de l'artiste ainsi qu'à leurs dangers.

1

Didier Rittener, *X*, travail mural en chêne, 325 x 305 cm, 2005.

2

Cf. les œuvres de Frank Stella *Tampa* et *Port Tampa City*, 1963, réalisées au rouge plomb, in: Lawrence Rubin, *Frank Stella. Paintings 1958 to 1965. A catalogue raisonné*, Stewart, Tabori & Chang, New York, 1986, p. 201, n° 214/215.

3

Didier Rittener, *Les siamois*, transfert sur papier, 210 x 150 cm, 2005.

4

Cf. Bruno Latour, *Nous n'avons jamais été modernes. Essai d'anthropologie symétrique*, Editions La Découverte, Paris 1991.

5

Didier Rittener se réfère explicitement aux surréalistes et à leur mode de travail, «les télescopages et détournements d'images et de sens». Didier Rittener, in: Françoise Jaunin, «Le dessin sacrifié ou retrouvé», *24 heures*, 30 juin 2004, p. 14.

6

Parfois, les deux procédés peuvent être utilisés pour un seul travail: lorsque, comme dans *Autre part*, 2004, un *shaped canvas* de Frank Stella présenté en perspective est d'abord rempli par un paysage d'arbre en gros plan d'un tropicalisme romantique dans un *work in progress* (travail mural réalisé *in situ* dans l'espace d'Attitudes à Genève, de janvier à juillet 2004), et qu'ensuite, celui-ci est transféré à partir d'un ektachrome dans une œuvre de grand format sur papier. En associant une œuvre modifiée de l'avant-garde héroïque d'après-guerre au pathos d'un paysage pré-moderne, la forme artistique des Modernes fait fonction de cadre – opulent – pour d'anciennes nostalgies.

7

Didier Rittener, *Danger zone*, 25 objets, bois peint, dimensions variables, 2003.

8

L'artiste contemporain américain Jason Rhoades utilise judicieusement ce concept pour décrire la base de toute activité artistique et créative à l'époque du pluralisme à tous les niveaux. Cf. Ralf Beil, *Künstlerküche. Lebensmittel als Kunstmaterial – von Schiele zu Jason Rhoades*, DuMont, Cologne 2002, p. 270.

9

Marqué par le philosophe Paul Feyerabend en 1975, «Anything goes» signifiait à l'origine non pas le libre usage post-moderne des références, mais au sens strict du terme, le principe épistémologique qui vaut que, parallèlement à la religion et à l'art, la science ne représente que l'une des nombreuses possibilités d'acquérir la connaissance. Cf. Paul Feyerabend, *Wider den Methodenzwang. Skizze einer anarchistischen Erkenntnistheorie*, Suhrkamp, Francfort-sur-le-Main 1995.

10

Didier Rittener, *Libre de droits. Dessins 2001-2004*, Ecole supérieure des Beaux-Arts, Attitudes – Espace d'arts contemporains, Centre pour l'image contemporaine, Saint-Gervais, Genève, 2005.

11

«Das Ich als (auto)mobiler Mittelpunkt des Universums. (...) Gott, der immer alles aus allen Blickwinkeln gleichzeitig gesehen hat, wird 1.) mathematisch undenkbar, 2.) bedeutungslos, denn die Welt ist zersplittert und spiegelt ihn nicht mehr. Menschen und Dinge ohne Verbindung (...). Jeder rast durch seinen eigenen Tunnel auf seinen eigenen Punkt zu, (...). Das All dehnt sich gnadenlos. (...). Der Raum ist leer.» Christoph Peters, *Stadt Land Fluss*, cit. d'après: Hubert Spiegel, «Das Muster im Teppich. Die Wahrheit ist ein Bild, aber es gibt kein Bild von der Wahrheit», *Frankfurter Allgemeine Zeitung*, n° 296, 18 décembre 2004, rubrique littéraire, p. 40.

12

Didier Rittener, *Nous sommes le monde*, crayon gris sur papier, 139,5 x 231,5 cm, 2003.

13

Didier Rittener, *Femme sans yeux*, transfert sur papier, 210 x 150 cm, 2005.

14

Didier Rittener, *Une femme*, transfert sur papier, 210 x 150 cm, 2005.

15

Didier Rittener, *Mutants*, transfert sur papier, 210 x 250 cm, 2004.

16

Didier Rittener dans un entretien avec l'auteur à Lausanne, le 28 janvier 2005.

17

Un objet mural de Didier Rittener réalisé pour l'exposition au Musée cantonal des Beaux-Arts de Lausanne relie trois formes en L à un objet mural tridimensionnel et géométrique, à mi-chemin entre des expériences Renaissance de la perspective et des travaux de Robert Morris. Ou bien s'agit-il du logo d'un consortium d'assurances agissant à l'échelle mondiale? Didier Rittener, *Welcome*, bois peint, 67 x 60 x 29 cm, 2005.

18

En ce qui concerne cet objet mural, il s'agit d'une duplication inversée d'un panneau héraldique ou d'un écusson médiéval fictif, avec ses rainures métalliques anguleuses. Rittener cite ici un symbole de pouvoir, de force et de protection; abstraction formelle, *remake* matériel et héraldique se mêlent de manière évocatrice. Didier Rittener, *Blasons*, bois peint, 92 x 70 x 2 cm, 2005.

19

Cf. le célèbre titre de l'héritage artistique de Paul Gauguin, son œuvre la plus grande et la plus ambitieuse, peinte en 1897 à Tahiti, aujourd'hui au Museum of Fine Arts de Boston.

20

Didier Rittener, *Triples griffes*, transfert sur papier, 210 x 150 cm, 2005.

What kind of a star is this? A celestial object made from oak.[1] A mirror image of wings intersected by a cross? An X with feathers down the middle? Didier Rittener's mural work is as mysterious as it is disconcerting. It plays games with our pictorial memory, which makes us suspect that there is something significant there even when it cannot be located. What at an art-history level looks like a curious cross between a late medieval angel's wings with serrated edges and Frank Stella's painterly Minimalism of the 1960s, whose star- and x-shaped canvases[2]— contractions of eschatologically fulminating archangels encountering the heroic iconic autonomy of the post-war avant-garde—, on a semiotic level gives rise to a symbol of distance and dominance that is as hybrid as it is auratic. Didier Rittener's wooden relief definitely occupies space without unequivocally demonstrating meaning. What is left? A mystery oscillating in an unsettling way between warning, prohibition, and threat.

Two skulls, obviously those of Siamese twins as they are joined at the back of the cranium, grin out to left and to right, with perfect sets of teeth, over a bundle of neuron-like graphite strips tapering into sharp points tipped by circular shapes.[3] Against such a background, or to put it another way, surrounded by such visual effervescence, the macabre mutation—the picture transfer of a scientific trophy from the early days of modern medicine—becomes a figure that tips the scales between human finitude that is outside the norm, and psychedelically charged energies against a ground of bizarre Gothic Pop.

Both the sculptural and graphic work of Didier Rittener provide an answer to the central questions raised by present-day picture production: how can we deal with the unprecedented way in which pictures are being turned into mass-produced commodities? What measures can we use to select, how can we still set priorities in the post-ideological, widely commercially exploited, quite frequently disillusioned, and to a large extent non-utopian society of western industrialized countries at the start of the 21st century?

* * *

In tune with the times, distinctions are no longer made in Didier Rittener's work by the presentation of a clearly defined *what*, but by an uncompromisingly hybridizing *how* in the depiction. In this respect his work seems to connect artistically with Bruno Latour's analysis of how things are in his book *Nous n'avons jamais été modernes*; as early as 1991 Latour dismantled the modernist myth of the "Great Divisions," and countered it with a recognition of the hybrid as social reality.[4]

Didier Rittener's recipe for art and his concept of it are based on the appropriation, assimilation, and crossing of visual elements from every conceivable medium: fashion magazines, promotional literature, specialist publications, film stills, *belles lettres*, pattern books, art catalogues, daily newspapers. The isolation of the elements from their original context and their introduction into a new working connection take place freely according to the Surrealist principle, still valid for Rittener, of bringing together the intrinsically irreconcilable.[5] In the very fact of the still visible identification of the disparateness of segments of the picture and fragments of reality, this approach is able to capture today's view of the world and reflect it subjectively in a new rearrangement. All this is subservient to both the ecological and economic principle of recycling. His simple method of constituting his own artistic present in an idiosyncratic way consists not of producing something of his own, but deliberately reusing individual bits of the already existing excess. The aim is a new symbolism that is both provocative and hybrid.

Didier Rittener's recycling is carried out in a curious combination of work done by hand and using sophisticated technology, which can likewise be called hybrid. Sometimes he traces his motifs manually, sometimes he scans them and manipulates them, copying them onto tracing paper only after the print-out of the resulting picture files. The motifs which have both been toned down and accentuated medially via tracing in pencil can then, according to the situation and requirements, either be copied onto transparent foil and projected onto the wall as a model where they can develop an independent life as a drawing in situ, again executed in pencil; or they are recorded on large-format sheets of paper by means of a special transfer technique: through the copying of the tracings and the transfer of the photocopying ink of those copies onto the picture support by means of trichlorethylene.[6] This way or that, the reality of the works oscillates incessantly between the original and the copy in a way that is as indiscernible as it is contemporary. This ambivalence inherent in the work also applies to Didier Rittener's sculptural objects such as *Danger zone*,[7] 2003, where their appearance conjures up industrial mass-production; in reality they are composed of hand-painted wooden objects.

* * *

Whether in music, theatre, architecture, fashion, or youth culture, "fusion culture" is omnipresent—the sampling or material mix of already existing "label" or "no-name" elements with the objective of producing a distinctively heterogeneous creation with an individual note and a consciously subjectively biased profile—"decision making"[8] is the watchword, going beyond the once widely proclaimed "anything goes" of postmodernism.[9] A subjectivized fusion culture is also Rittener's fundamental working principle: we are dealing with a real telescoping, overwriting, or overlaying of symbols, styles, genres, and periods. His technique of copying motifs by means of tracing, followed by their chemical transfer, has the paradoxical result that one-off works are produced serially, as the transfers made from the same master copy always turn out differently; it is significant that even this technique refers to the tension, invested

in sampling, of appropriated foreign material. This also applies to Didier
Rittener's sculptural works, which charge reduced forms made from the
most diverse materials with content, for example the objects on the floor
coated with synthetic paint resembling antipersonnel mines in *Danger
zone*, already mentioned above. Here Rittener is working with the virulent
allusive potential of multiplied minimal forms and their residual contents
that cannot ultimately be pinned down, but are all the more suggestive.

Even if at first glance a fair amount of eclecticism seems to be present,
in Didier Rittener's graphic pictorial world in particular, it is very far
from being everything that is admitted into his private universe. The
artistic raw material, whether it is a comic, a fragment of text, an architectural drawing, a biological study or a portrait of a film star from an
up-to-the-minute magazine, must disturb the artist, must have a potential for seductive qualities, alone or in juxtaposition with several visual
elements. It is hardly an accident that Didier Rittener keeps quoting
medieval worlds or Renaissance views; while each has of course long
since ceased to be valid in its own right, they nonetheless have a highly
resonant quality, and conjure up a store of basic human experiences that
still strike chords in the human being of today.

* * *

However much the artist's copying process may seem contemporary, like
an unpretentious reanimation of the former still-born "copy art" of the
1980s under more complex auspices, images and texts are being assem-
bled here by Didier Rittener in the manner of the medieval scriptorium:
quite concretely in the recently published *Libre de droits*.[10] As the title
states, Rittener has established a non-copyright databank of images for
future projects, but at the same time he is revitalizing for himself the
idea of the pattern books which were available to artists, craftsmen, and
architects as a catalogue of models they could use in preparing their
works, especially in the Middle Ages and the Renaissance period, but also
well beyond those times, in fact right up to the Art Deco period. Following
on from this historical practice, Didier Rittener deliberately condenses
his basic material in a pattern book that is personalized in a contemporary way, and thereby to some extent constructs his own pictorial canon:
a world of reference of his own capable of generating a constant stream
of new pictures of its own accord.

It is not only in this respect that Didier Rittener's artistic practice can
be understood as a creative reaction to the final loss of fixed points of
view in the present, as again summed up in perspective by the German
writer Christoph Peters in his 1999 novel, *Stadt Land Fluss*, in the staccato of flashes of thought typical of today's writing: "The self as the
(self-)moving centre of the universe ... God who has always seen everything simultaneously from every angle is becoming (1) mathematically
inconceivable (2) meaningless as the world is shattered and no longer
reflects him. Human beings and things with no connection ... Each of us
rushes through his own tunnel to his own destination ... The universe
extends pitilessly ... Space is empty."[11]

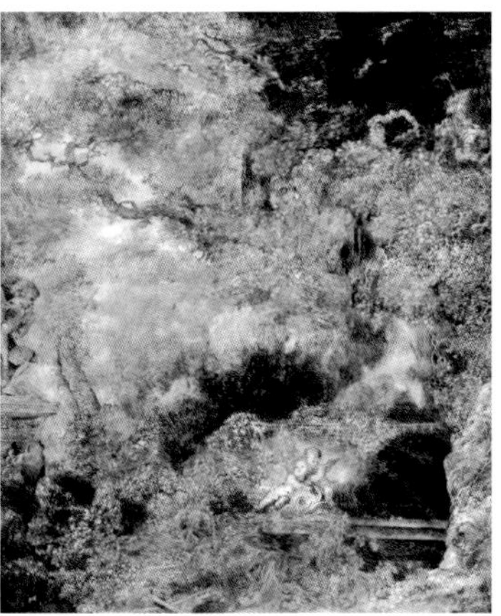

SANS HASARD, 2003

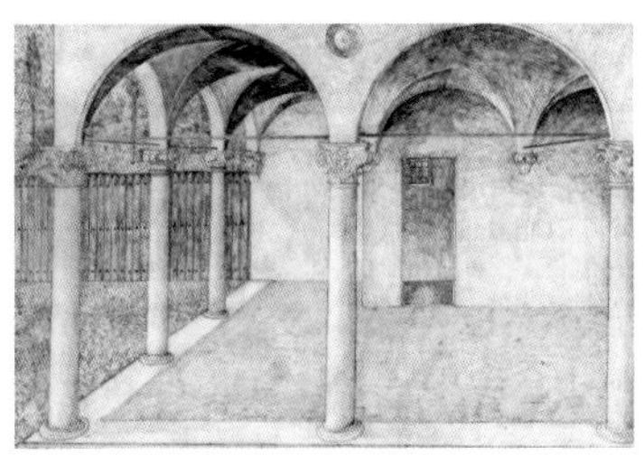

Didier Rittener materializes this loss of meaning, the spreading emptiness, programmatically, by well and truly emptying famous pictorial scenes from right across the history of Western art. For example all the living figures are missing from Rittener's transposition of Fragonard's erotic incunabulum, *The Swing*: the lady on the swing, the two courtly gentlemen pushing it, and the shoe of desire flying far above; only stone putti are left to animate the abandoned scene of lush vegetation. The shell in Botticelli's Venus is as empty as its surroundings are bare and extensive.[12] The famous annunciation scene by Fra Angelico, without Mary and the Angel Gabriel bearing tidings under the arches of the loggia, seems little more than an architectural vedutà. And Caspar David Friedrich's *Wanderer über dem Nebelmeer* (*Traveler above the sea of mist*) is simply rock and misty pathos without the traveler who gives the work its name. The (art) historical dominance of religion and Eros, metaphysics and natural philosophy, evaporates in the abandonment of the figures, motifs, and themes that transcend the illusionistic pictorial space. An aura of enigmatic absence is appropriate to the traced images of the high culture of the past.

* * *

Reacting to this significant emptiness and the metaphysical disconnectedness of man, things, and the world underlying it, Didier Rittener attempts to create new, radically subjective connections which demonstrate a significantly (Sur)real evocative potential rather than circling around or within himself. Thus in Didier Rittener's work art always also entails designing the world, even in the shortest traced line. Of course there is no recovering of transcendence, but a brief flash of light in the middle of all the immanence, a sudden sense of strangeness in the emptiness that has become commonplace, which—a paradox of the present— has been filled to bursting point with the "white" noise of the media, images, and voices. And it is precisely from this white noise that Didier Rittener continually separates elements of an astonishing visuality.

For instance, an enlarged view of a fly fixed in the middle of a target, virtually impaled by its black bull's eye, above a fanlike coral structure, all in the changing graphite gray of the imprints of fingers and palms. Or the injunction "Touche-moi" ("Touch me") in eight variations of writing and size all together on one sheet: *the* credo of our time of media emotion and screen-imparted information. The multiple repetition of the desire to be touched even conjures up the question of what is in fact still capable of touching us—really and emotionally—in the age of the omnipresent touch screen. Likewise a *femme fatale*, in the dark make-up of the morbid fashionable glamour of the 1990s, emerges from the white noise; by the simple omission of her pupils in the tracing process she is transformed into a macabre zombie.[13] Or the enormously enlarged beetle, viewed from underneath. Surrounded by traced smudges of its production in graphite, it seems to pose in an almost dignified manner, somewhere between a six-armed Hindu deity and an extraterrestrial warrior of the *Star Wars* type. Yet another figure that can tip the scales, showing that everything is a question of dimension and position.

Thus Didier Rittener's transfer works turn into a curiously updated reflection on drawing, signs, and the signified. The de- and recontextualization of his pictorial elements is at the same time aimed in a forward movement at a subjective appropriation of the visual richness of the present as a reservoir of motifs that can always be discovered anew. Thus an intimate portrait of a woman by Jawlensky[14] finds its way into the repertory on the same footing as a science-fiction mutant that can be cloned if required.[15] It is not for nothing that the phrase, "Work period/prendre conscience de l'irréductible et splendide diversité" ("to become aware of the irreducible and splendid diversity") appears on one of the pages of *Libre de droits*, beside the central catchphrase "eccentric society"; what an apt formula for a pleasure-seeking egomaniac society of excess that no longer has a center, and is mediatized through and through.

In Rittener's work there can no longer be an original in the strict sense, but there are still evocative opportunities. Didier Rittener does not just collect these in his hybrid symbols and objects: he (re)produces them deliberately. Rittener himself speaks—especially, but not exclusively, with reference to his objects—of a "minimalisme émotionalisé qui devient symbole"[16] ("emotionalized minimalism which becomes a symbol"). His sculptural elements always contain a latent source of danger, a subtly disturbing quality, a strange capacity to disconcert: mines with no explosive charge, logos with no (promotional) message,[17] coats of arms with no owner and domain.[18] Empty places here and there that refer to defects, both real and symbolic.

* * *

Paul Gauguin's three key questions in the face of the massive loss of religiosity and direction around 1900, culminating in Nietzsche's dictum about the dead God and as a counter-movement the escape into Symbolism, spiritualism, and manifold artistic paradises: his fundamental questions, "D'où venons-nous? Que sommes-nous? Où allons-nous?"[19] ("Where do we come from? What are we? Where are we going?"), are still being asked over and over again a hundred years later, in the age of inflationary information and directionless availability, of freely floating particles of meaning and ever increasing aimlessness. Rittener does not shirk the huge questions overhanging the present, but confronts us with them in his private universe of pictures and symbols. In the best moments something freely after Adorno strikes the eye. The individual parts may at times seem to be meaningless, but the whole becomes a picture of the fundamental ambivalence of our present time, nestling in the joints in the objects and the graphite lines of the works of art, an ambivalence that penetrates into the world of the viewer like a virus, takes hold there and intensifies.

Lions, shafts of light, deer, stars: with all the unanswered questions, an energetic bestiary of a special kind becomes visible here, culminating in symbols that have gone wild like the segment of an apparent swastika mutated into a millipede.[20] The transfer of energy plays a central role in Didier Rittener's visual laboratory. Appended to various sets of motifs from past and present, a strangely tension-laden world of pictures emerges here, which in its hybrid consistency reflects and mirrors our own; it has a strong grounding in art history but at the same time has tremendous evocative power for those who expose themselves to the artist's symbols and to the dangers of those symbols.

1
Didier Rittener, *X*, mural work in wood, 325 x 305 cm, 2005.

2
See Frank Stella's works *Tampa* and *Port Tampa City*, 1963, executed in red lead, in Lawrence Rubin, *Frank Stella. Paintings 1958 to 1965. A catalogue raisonné*, Stewart, Tabori & Chang, Publishers, New York, 1986, p. 201, No. 214/215.

3
Didier Rittener, *Les siamois* (*The Siamese twins*), transfer on paper, 210 x 150 cm, 2005.

4
Bruno Latour, *Nous n'avons jamais été modernes. Essai d'anthropologie symétrique*, Éditions La Découverte, Paris, 1991. English edition: Bruno Latour, *We Have Never Been Modern*, Harvester Wheatsheaf, New York, 1993.

5
Didier Rittener refers quite explicitly to the Surrealists and their way of working, "les télescopages et détournement d'images et de sens" ("the telescopings and subversion of images and meanings"). Didier Rittener in Françoise Jaunin, "Le dessin sacrifié ou retrouvé," in *24 heures*, Wednesday June 30 2004, Culture, p. 14.

6
On occasion both processes can be used in one work: for instance, when, as in *Autre part*, 2004, a shaped canvas by Frank Stella shown in perspective is first filled with a tropically romantic view of a tree in close-up in a work in progress (mural work, made in situ at Attitudes, Geneva, January to July 2004) and this is then transposed into a large-format work on paper on the basis of an Ektachrome photograph. In the combination of a modified work from the heroic post-war avant-garde with the pathos of a pre-modern landscape, the modernist art form now serves as an—opulent—frame for old longings.

7
Didier Rittener, *Danger zone*, 25 objects, dimensions variable, 2003.

8
The contemporary American artist Jason Rhoades uses this concept aptly to describe the basis of any artistic and creative activity in the age of pluralism at every level. See Ralf Beil, *Künstlerküche. Lebensmittel als Kunstmaterial – von Schiele zu Jason Rhoades*, DuMont, Cologne, 2002, p. 270.

9
A phrase adopted by the philosopher Paul Feyerabend in 1975, "anything goes" originally meant not the postmodern arbitrary use of references, but in a much narrower sense the epistemological principle that science, like religion and art, represents only one of many possible ways of acquiring knowledge. See Paul Feyerabend, *Wider den Methodenzwang. Skizze einer anarchistischen Erkenntnistheorie*, Suhrkamp, Frankfurt am Main, 1995.

10
Didier Rittener, *Libre de droits. Dessins 2001-2004*, Ecole supérieure des Beaux-Arts, Attitudes – Espace d'arts contemporains, Centre pour l'image contemporaine, Saint-Gervais, Geneva, 2005.

11
"Das Ich als (auto)mobiler Mittelpunkt des Universums. (…) Gott, der immer alles aus allen Blickwinkeln gleichzeitig gesehen hat, wird 1.) mathematisch undenkbar, 2.) bedeutungslos, denn die Welt ist zersplittert und spiegelt ihn nicht mehr. Menschen und Dinge ohne Verbindung (…) Jeder rast durch seinen eigenen Tunnel auf seinen eigenen Punkt zu, (…). Das All dehnt sich gnadenlos. (…). Der Raum ist leer," in Christoph Peters, *Stadt Land Fluss*, quoted after Hubert Spiegel, "Das Muster im Teppich. Die Wahrheit ist ein Bild, aber es gibt kein Bild von der Wahrheit," in *Frankfurter Allgemeine Zeitung*, no. 296, Saturday, December 18 2004, arts section, p. 40.

12
Didier Rittener, *Nous sommes le monde* (*We are the world*), gray crayon on paper, 139.5 x 231.5 cm, 2003.

13
Didier Rittener, *Femme sans yeux* (*Woman with no eyes*), transfer on paper, 210 x 150 cm, 2005.

14
Didier Rittener, *Une femme* (*A woman*), transfer on paper, 210 x 150 cm, 2005.

15
Didier Rittener, *Mutants*, transfer on paper, 210 x 150 cm, 2004.

16
Didier Rittener in conversation with the author in Lausanne on 28 January 2005.

17
A mural object by Didier Rittener made for the exhibition at the Musée cantonal des Beaux-Arts of Lausanne links three L-shapes to a geometric three-dimensional mural object, lying somewhere between Renaissance experiments with perspective and works by Robert Morris. Or when it comes down to it, are we in fact dealing with the logo of a globally active insurance consortium? Didier Rittener, *Welcome*, wood paint, 67 x 60 x 29 cm, 2005.

18
In the case of this mural object we are dealing with the upside down mirrored duplication of a fictional medieval coat of arms or an escutcheon with its angular metal grooves. Rittener is citing a symbol of power, violence, and protection; formal abstraction, material remake, and heraldry are suggestively combined. Didier Rittener, *Blasons*, wood paint, 92 x 70 x 2 cm, 2005.

19
This is the famous title of Paul Gauguin's artistic bequest, his largest and most ambitious picture painted in Tahiti in 1897, now in the Museum of Fine Arts, Boston.

20
Didier Rittener, *Triples griffes* (*Triple claws*), transfer on paper, 210 x 150 cm, 2005.

→
L'HOMME AUX LUNETTES, 2004

→ →
L'HOMME AUX QUATRE YEUX, 2004

→ → →
PETITE FILLE, 2004

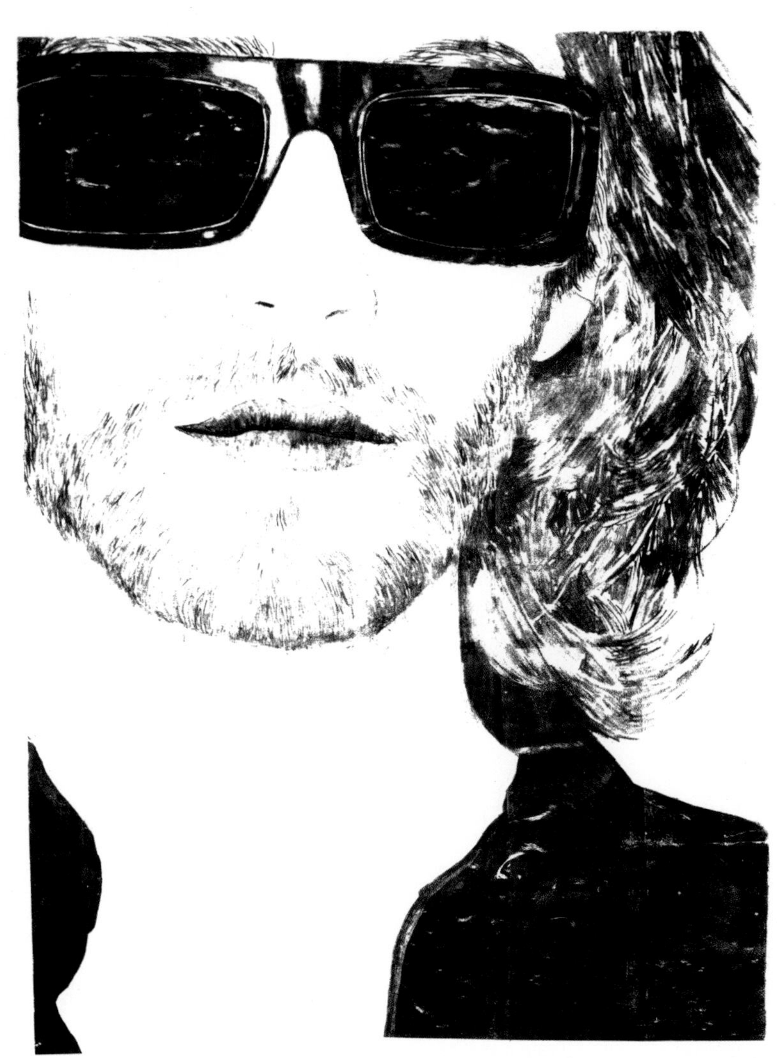

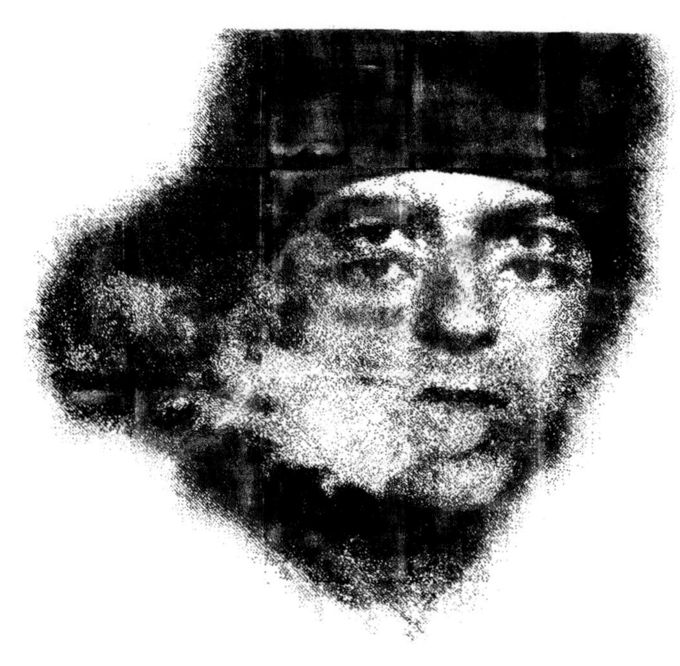

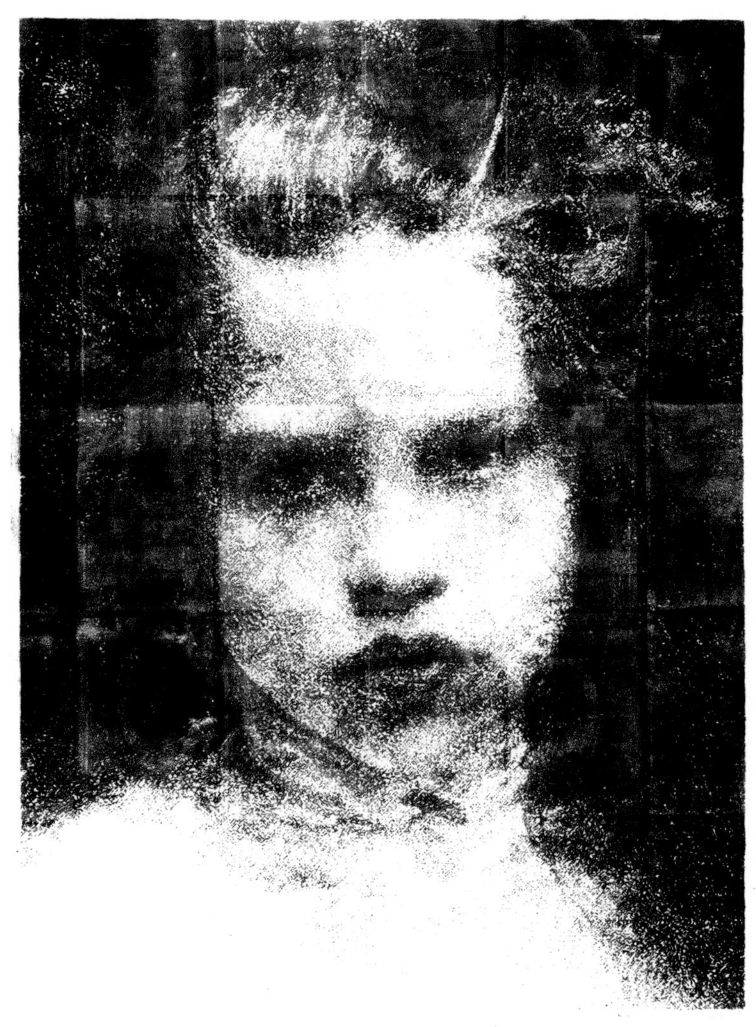

→
APOLLON, 2004

→ →
EVE, 2004

→ → →
L'HOMME AUX DEUX LUNES, 2004

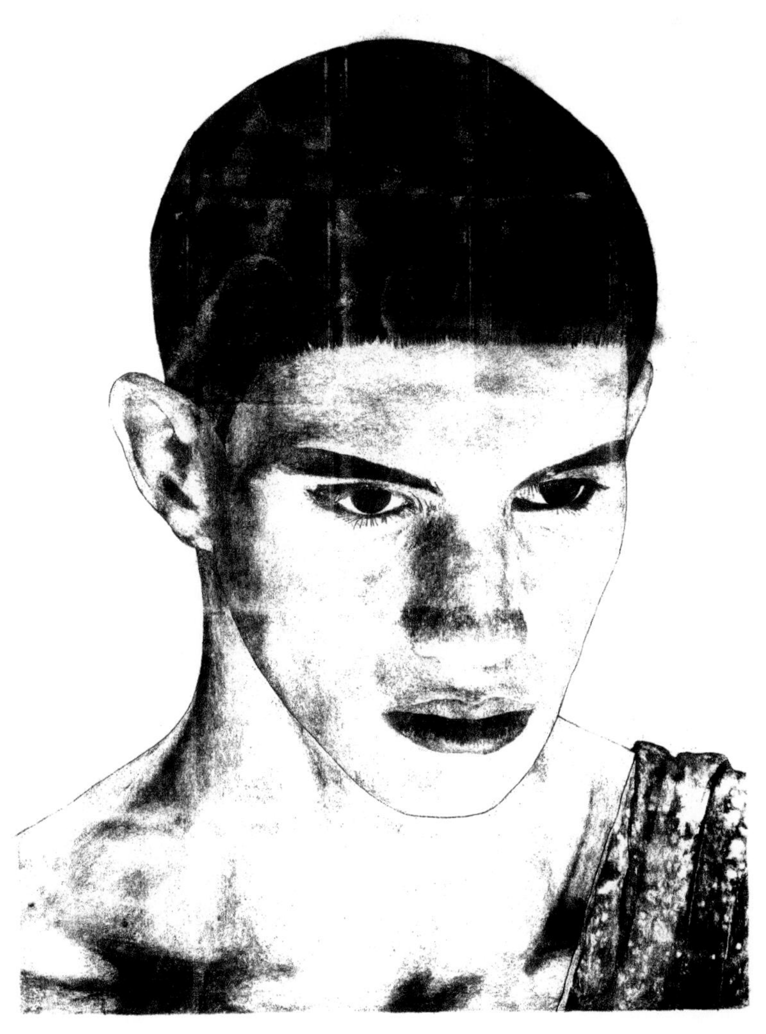

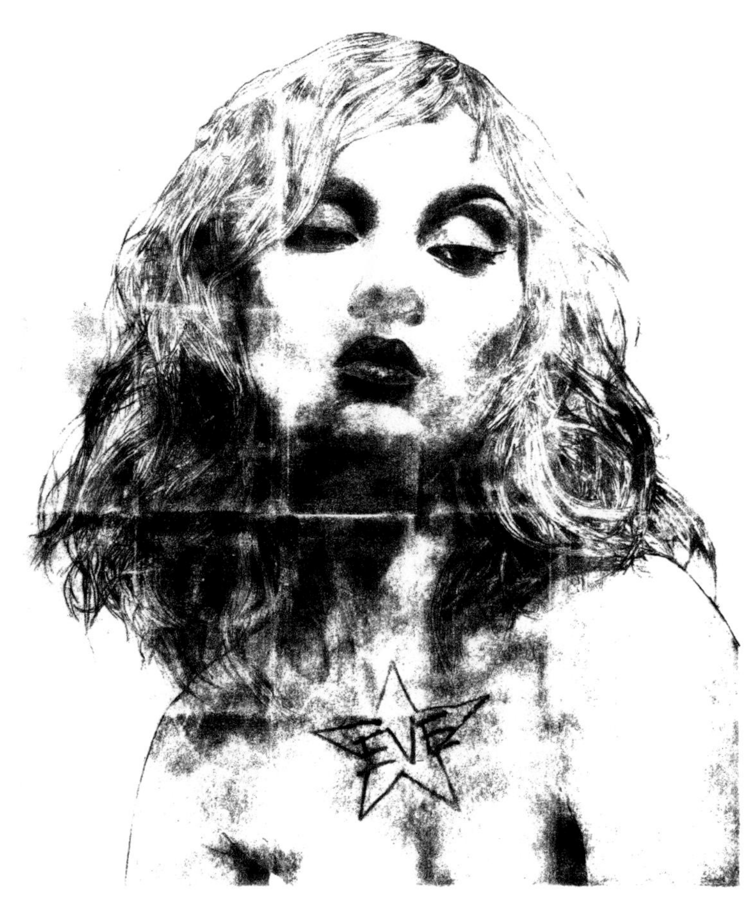

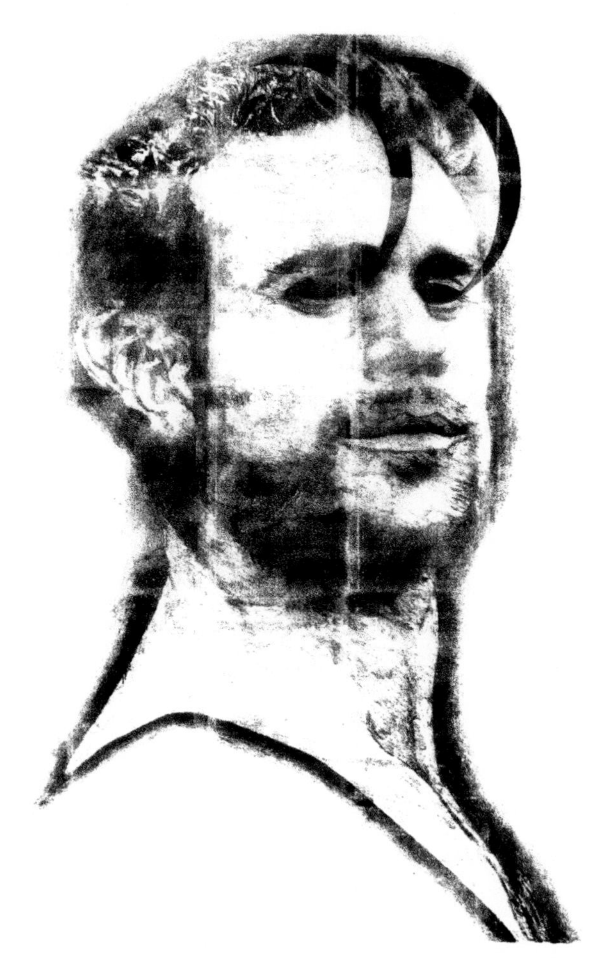

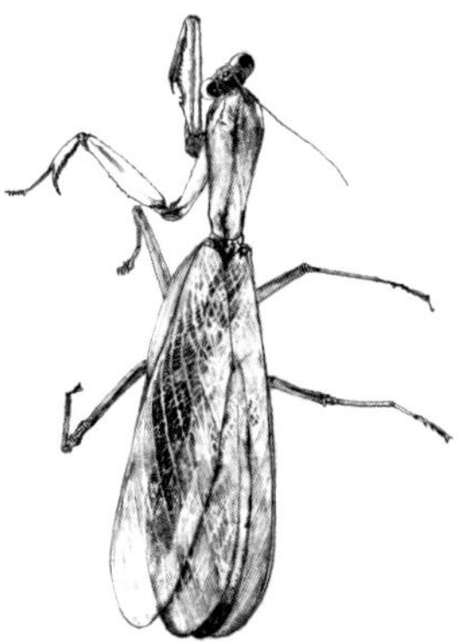

Didier Rittener convoque les images du monde, celles de papier glacé ou de papier jauni, celles de la grande peinture ou de la sous-culture, sans distinction. Elles sont là, saisies au vol, figées à la surface du calque comme des flocons sur une vitre prise dans le givre. Des images dissemblables qu'il a élues, l'artiste a fait une banque de données sous la forme d'un classeur comprenant près de 200 reproductions, glanées çà et là, réalisées à la mine de plomb sur du papier calque et conservées sous plastique. Ces modèles transparents, qui parviennent de manière souvent fragmentaire, servent de matrice à des dessins exécutés soit par l'intermédiaire d'un système de projection, soit par le biais d'un transfert chimique via la photocopie. Le support final de ces dessins peut être indifféremment le mur ou le papier selon le statut que l'artiste entend leur donner. Qu'elle soit reproduite à l'identique ou avec une variation sensible d'échelle, l'image dessinée émerge après une succession de filtres qui mettent à distance l'original. Mais sans doute le terme d' «original» est-il impropre à définir ces matrices qui sont déjà des décalques d'images préexistantes. Il est vrai que dès sa première transcription sur calque, l'image ciblée fait souvent l'objet d'un réagencement ou d'une interprétation de la part de l'artiste.

Le processus de copie appliqué à ces images modèles par l'intermédiaire du calque dit bien la qualité démocratique que l'artiste attribue au dessin. Le dessin n'est pas entendu ici comme un prétexte à la virtuosité, mais plutôt comme un processus dans lequel l'intelligence de la main serait tempérée par un geste mécanisé. En d'autres termes, le trait rencontre ici l'empreinte. Forme élémentaire d'expression, le dessin est pour Didier Rittener une expérience qui appartient à tous depuis l'enfance et qui, de ce fait, peut être appréhendée avec une certaine immédiateté. Relativement rapide et économique dans son exécution, il ne nécessite pas de déploiement de moyens techniques sophistiqués. C'est un médium approprié à l'artiste voyageur et qui peut s'adapter à divers types d'espaces de travail, sans réellement nécessiter d'atelier. Déchargé de la pesante fonction historique et symbolique qui incombe à la peinture, le dessin est devenu un médium à part entière pour de nombreux artistes grâce à sa malléabilité et à son humilité. Mais dessiner ne revient pas nécessairement à faire le désaveu de la peinture. «J'aime dessiner la peinture» affirme Didier Rittener dont les dessins continuent d'être hantés par les figures ou les espaces inventés par Uccello, Botticelli, Dürer, Fragonard ou Friedrich. L'artiste semble, en effet, avoir parfaitement saisi la portée dédramatisée de l'image dessinée vis-à-vis de l'héritage pictural.

La légèreté d'attitude qu'autorise le dessin par rapport à la peinture permet réciproquement à l'artiste d'opposer une forme de résistance à l'image médiatique. Tout se passe comme si le flux intarissable des images

produites par l'industrie de la communication était ralenti à travers la
narration fragmentaire dessinée par Didier Rittener. Photographies de
top-models, slogans publicitaires, icônes télévisuelles, vignettes de ban-
des dessinées, motifs de papiers peints, reproductions de tableaux, gros
titres de journaux, planches botaniques, éléments décoratifs, détails
d'architecture, objets usuels et objets précieux parviennent ici comme
des éléments éclatés. Le motif d'origine copié par l'artiste sur calque fait
systématiquement l'objet d'un recadrage (au sens photographique ou
cinématographique du terme) dans lequel il apparaît comme un élément
isolé et finalement, assez intrigant. Didier Rittener opère indifféremment
des arrêts sur image dans une photographie publicitaire comme dans
un tableau de Caspar David Friedrich. Il s'agit d'extraire l'image de son
contexte, de l'amener ailleurs et de faire le pari de son autonomie. Ainsi
reprises, les images se vident en partie de leur contenu. Devenues ano-
nymes, sans auteur, « libre(s) de droits » pour reprendre le titre d'un
livre réalisé par Didier Rittener, ces images sont désignées sans principe
de différenciation. Ici, l'icône extraterrestre d'un film de science-fiction
des années cinquante, là, un décor de fête galante peint par Fragonard.
Low et high tendent à se rejoindre. C'est le prix à payer pour réinsuffler
de l'aura aux images, pour qu'elles rejoignent les icônes encore capables
de susciter un mouvement de contemplation.

Le « retard » avec lequel l'image advient constitue bien une réponse au
spectaculaire. Il s'agit de travailler avec ces images que nous avons sous
les yeux et sous la main, sans vouloir en rajouter d'autres. « L'originalité
n'est qu'une forme supérieure de vol », la phrase est elle-même soutirée à
André Breton et fait l'objet d'un dessin de l'artiste… Il s'agit peut-être
aussi de travailler l'image en son absence, une image décalquée n'étant
qu'un simulacre. Le répertoire de formes de Didier Rittener est somme
toute assez restreint comparé à la surenchère de clichés que diffusent
chaque jour les médias. Cette modeste base de données ironiquement
réalisée à la main constitue néanmoins une réserve infinie de dessins
pour l'artiste, les images pouvant être combinées entre elles de multiples
façons. Didier Rittener ne s'encombre pas de protocoles rigides dans la
composition. L'image peut apparaître comme un élément solitaire ou être
assortie avec d'autres ; tous les arrangements restent ouverts. Dans ce
principe d'économie, la matrice est recyclée, souvent à plusieurs reprises,
mais toujours dans des contextes différents. Une même image mise en
regard avec deux images différentes ne dit plus la même chose. Que
disent les images ? Quels sont les jeux qui s'opèrent entre le niveau
visuel et le niveau sémantique d'une image ? Qu'est-ce qu'une image au
juste ? Un texte publicitaire ou littéraire peut-il devenir une image ? Il
semblerait que oui à en juger par la récurrence de phrases ou de messages dessinés par Didier Rittener qui apparaissent de manière isolée ou
aux côtés des images proprement dites. Que se passe-t-il lorsque le
texte « Touche-moi » est habillé de typographies différentes ? Quels
sont les mécanismes qui vont de l'image au langage et vice versa ? Mais
surtout, quelle place l'imagerie inflationniste publicitaire laisse-t-elle
à la subjectivité ?

Il s'agit de se réapproprier la part d'imaginaire que l'image pourrait
déclencher en évacuant toutes les techniques de marketing qui viennent

mission :
sauver
le
monde

mission
sauver
le
monde

mission :
sauver
le
monde

mission :
sauver
le
monde

se greffer sur elle et qui immanquablement orientent le regard. L'image
réapparaît ici sous la forme de réminiscences, dépourvue de ses sources,
décontextualisée des signes et des messages qu'elle véhiculait. Une image
libérée en quelque sorte qui, dans son incomplétude, pourrait être
rechargée de différentes strates de sens. Une invitation au regard qui
laisserait enfin place au travail de l'esprit. On note, à cet égard, le
raffinement du répertoire de l'artiste qui esquive la violence de l'image
d'actualité ou la vulgarité de l'image pornographique. Il y a quelque
chose de détaché dans les choix effectués par l'artiste. Avec une sorte
de dandysme, Didier Rittener retient des images ou des bribes d'images
relativement peu connotées pour que l'on puisse y greffer divers récits
et suffisamment séduisantes pour que l'on puisse y projeter du désir. Il
émane de l'ensemble du répertoire une dimension nostalgique et lointaine,
celle d'une époque où l'art se confondait avec le style.

Qu'ils prennent corps sur le papier ou sous la forme de *walldrawing*, les
dessins de Didier Rittener sont composés selon trois grands principes :
ils peuvent se fonder sur la mise en valeur d'un motif unique, apparaître
comme une succession d'éléments isolés au sein d'un même espace ou
résulter de la confrontation ou de la superposition de plusieurs motifs.
Dans les deux derniers cas, l'artiste a recours à un appariement de
l'image direct ou indirect qui opère comme une machine à rêver. La rencontre entre deux images peut être forcée et surprenante comme ce
dessin de végétation fantastique issu d'une gravure ancienne et contenu
dans un cadre détourné d'un motif pictural de Frank Stella dont le dessin
minimaliste aurait été mis en perspective, donnant ainsi une impression
de profondeur. L'image peut être aussi superposée à une autre comme
le visage légèrement asymétrique de cette jeune femme asiatique recouvert d'un motif Art Nouveau qui lui dessine une voilette. Elle peut, au
contraire, être complètement autonome, flottant à la surface du papier
à quelques lieux d'une autre figure en perdition, tel ce casque étoilé
sans rapport avec les cerises et le motif décoratif en essaim situés à
quelques centimètres de lui. Plusieurs éléments peuvent cohabiter dans
le même espace sans pour autant obéir au même sens de lecture, comme
s'ils échappaient aux lois de la gravité. Il arrive également que le dessin
affleure sur le papier avec la plus grande sobriété sans nécessité de rencontre, à la manière de cette relecture amnésique de l'*Annonciation* de
Fra Angelico dont il ne resterait que le cadre architectural. L'espace
garde pourtant une forte permanence. Il s'agit d'éprouver l'image, de voir
si, morcelée, elle tient encore. Dans son aphasie l'image continue pourtant d'interpeller, elle énonce de manière souterraine le vide qui l'occupe.
Où se sont donc évanouis l'archange Gabriel et Marie ? Quelques dessins
plus loin, l'aile de l'ange se révèle comme une épiphanie. Un mot laconique
la souligne : « pleure ».

Quelle que soit la composition choisie par l'artiste, le blanc de la feuille
joue comme un espace en apesanteur, une réserve qui permettrait de
donner libre cours à la pensée, une étendue constellée de détails dans
laquelle se nouent librement des liens entre un élément et son satellite.
C'est dans cette zone dépourvue de repères spatio-temporels que s'effectue l'opération de déplacement et de condensation des images pareille
à l'activité onirique. Une image de presse devient ainsi un Gertsch, un

tombeau de Friedrich un Sol LeWitt. « Il faut faire tomber tout cela », dit l'artiste. Cet entre-deux constitué par le support n'est pourtant pas neutre ; il porte des traces de passage, la marque de la main de l'artiste qui dans le temps de la pratique a sali la feuille de mine de plomb. Le papier est ici un espace dense dans l'attente d'un regard. Il fonctionne tel un vide qui se remplirait du souffle de l'artiste et de celui du regardeur qui reconstitue l'image avec la part d'intervention mentale qui lui revient. Les dessins de Didier Rittener sont d'ailleurs souvent peuplés de métaphores de la représentation, mouches, abeilles, papillons qui autrefois se cachaient dans les Vanités de la grande peinture. Marques de la puissance suggestive de l'image destinées à piéger le regard, ces détails sont aussi des memento mori qui soulignent la dimension mortifère propre à toute opération de représentation.

Il y a bien quelque chose de l'ordre du silence chez Didier Rittener. Lors d'une intervention à Môtiers, à l'occasion d'une exposition intitulée « Art en plein air », l'artiste choisit d'occuper le mur d'enceinte d'une ancienne carrière dont il brosse la crasse. Le dessin advient ici non pas par rajout de matière mais par prélèvement. En nettoyant le mur, l'artiste laisse apparaître une phrase de Brett Easton Ellis : « Disparaître ici » qui se décline avec l'élégance d'une écriture à la plume. L'artiste serait donc celui qui n'ajouterait pas une image de plus à un monde en passe de disparaître derrière les clichés qu'il produit. Les images complexes de méduses transparentes, au seuil du visible tant la ligne qui les désigne est délicate, relèvent d'un même retrait. Elles opèrent à la manière d'espaces dans lesquels l'œil s'égare. Comme les images d'orchidées qui basculent volontiers du règne végétal au règne animal, ce sont d'une certaine manière des lieux de l'absence et de la métamorphose. Il s'agit encore de chercher dans le labyrinthe de ces indices visuels silencieux un chemin pour la pensée.

Didier Rittener conjures up images of the world, images on glossy or yellowed paper, images of great paintings or of a subculture, quite indiscriminately. There they are, caught in mid-flight, solidified on the surface of the tracing paper like flakes of hoar frost on a windowpane. Dissimilar images handpicked by the artist, building up a data bank in the form of a folder containing nearly 200 reproductions gleaned here and there, made in graphite on tracing paper and stored under plastic covers. These transparent mock-ups, which often come as fragments, are used as masters for drawings done either by means of a projection system or transferred chemically via photocopy. The final medium for the drawings may be the wall or paper, whichever: it all depends on the status the artist wishes to give them. Whether reproduced as an identical copy or with a significant change of scale, the drawn image comes out through a series of filters that distances it from the original. But "original" must be the wrong word to describe masters that are themselves transfers of preexisting images. The truth is that when first transcribed on tracing paper, the target image often comes in for some reorganization or interpretation by the artist.

The copying process applied to these model images using tracing paper gives a good idea of the democratic value the artist places in drawing. Drawing is not to be seen here as a pretext for virtuosity, but rather as a process whereby the hand's intelligence is moderated by making it move mechanically. To put it another way, here we have line and imprint coming together. A basic form of expression, for Didier Rittener drawing is an experience that belongs to us all from childhood and so one that we take on board more or less instantly. It is relatively fast and economic in its execution and does not require the deployment of sophisticated technical resources. It is a suitable medium for the traveling artist and is adaptable to various types of workspace, with no particular need for a studio. Unfettered by the historical and symbolic function that is the lot of painting, for many artists drawing, being so malleable and humble, has become a medium in its own right. But drawing does not necessarily amount to a disavowal of painting. "I like to draw painting," says Didier Rittener, whose drawings continue to be haunted by figures and spaces devised by Uccello, Botticelli, Dürer, Fragonard, or Friedrich. The artist seems, indeed, to have perfectly captured the de-dramatized importance of the drawn image as compared to pictorial heritage.

Looking at it from the opposite standpoint, the lightness one gets from drawings and not so much from paintings in a way enables the artist to stand up to the media image. It is very much as if the endless flow of images churned out by the communications industry were being stemmed by this fragmentary narration as drawn by Didier Rittener. Photographs of top-models, advertising slogans, TV personalities, comic strips, wallpaper patterns, reproductions of paintings, newspaper headlines, botanical plates, decorative items, details of architecture, ordinary everyday objects as well as precious ones turn up here as exploded elements. The original pattern copied by the artist on tracing paper systematically comes in for cropping or framing in the photographic or cinematographic sense, making it seem like an isolated and ultimately rather intriguing element. Didier Rittener will freeze-frame a photograph commercial or a painting by Caspar David Friedrich, it is all the same to him. The idea is to take the image out of context, introduce it somewhere else and trust it to work on its own. Re-used in this way, the images are partly stripped of their content. They have become anonymous, authorless; "free of rights," to quote the title of a book by Didier Rittener, these images are singled out quite indiscriminately. The image might be the extraterrestrial icon of a 1950s science-fiction film, or some festive, romantic scene painted by Fragonard. Lowbrow and highbrow stretch out to meet one another. This is the price to be paid for reinjecting aura into pictures, for them to join those icons still capable of provoking a movement of contemplation.

The "delay" with which the image arrives is indeed an answer to the spectacular. It is a matter of working with these images we have before our eyes and to hand, without seeking to add to them. "Originality is only a higher form of stealing": the quote itself is by André Breton and is the subject of a drawing by the artist … It is perhaps also a matter of working on the image in its absence, a transferred image being no more than a pretence. Didier Rittener's catalogue of forms is actually pretty tiny compared to the flood of pictures with which we are inundated every day by the media. Ironically hand-produced, this unimposing database nevertheless offers the artist an endless pool of drawings, as there are all sorts of ways of combining these images. Didier Rittener is not tied down by any strict rules of composition. The image can appear either alone or along with others, there is no limit to what can be done with them. Following the principle of economy of means, the master is recycled, often several times over, but always in different contexts. The same image will not say the same thing when contrasted with two different images. What do the images say? How do the visual and semantic levels of an image gel? And what exactly is an image anyway? Can an advertising or literary text become an image? The answer would seem to be yes, judging by the recurring sentences and messages drawn by Didier Rittener that crop up on their own or with an accompanying picture. What happens when the text "Touch me" is written in various different typefaces? What are the mechanisms that take us from the image to language, and vice versa? The major question being, what room does inflationary advertising imagery leave for subjectivity?

What is at issue here is regaining the call on the imagination that the image might trigger by setting aside all the marketing techniques that come to be grafted on it, and which inevitably tell us how and where to look. The image here reappears in the form of reminiscences, cut off from its sources, taken out of the context of the signs and messages it conveyed. An image in a way liberated, which in its unfinished state might be reloaded with various layers of meaning. An invitation to look which would finally leave room to set the mind to work. We note in this connection the refinement of the artist's repertoire, avoiding both the violence of pictures in the news and the vulgarity of the pornographic image. There is something detached about the choices the artist makes. With a kind of dandyism, Didier Rittener goes for images or scraps of images that do not connote too much—so that various narratives can be grafted onto them—while remaining sufficiently attractive to project one's desire onto them. His entire repertoire has a nostalgic and distant side to it, harking back to a time when art and style went hand in hand.

Whether they take shape on paper or as wall drawings, Didier Rittener's works are composed following one of three main principles: they may be based on the highlighting of a single pattern, or appear as a succession of isolated elements within a single space, or result from the confrontation or superimposition of several patterns. In these last two cases, the artist relies on a pairing of the direct or indirect image, which functions like a dream machine. The encounter of two images can be forced and surprising, like the drawing of some fantastic vegetation taken from an old engraving, and contained within a frame lifted from a pictorial motif by Frank Stella, whose Minimalist drawing has been put in perspective to give an impression of depth. The image can also be superimposed over another, as with the slightly asymmetrical face of the young Asian woman covered with an Art Nouveau pattern that draws a thin veil over her. The image can, on the contrary, stand completely alone, floating on the surface of the paper several paces away from another figure in distress, like the starred helmet bearing no relationship to the cherries and the scattered decorative pattern a few inches away. Several elements might share the same space without necessarily being read in the same direction, as if defying the laws of gravity. Sometimes the drawing lies on the surface of the paper with the utmost sobriety, with no need to meet at all, like the amnesic second reading of Fra Angelico's *Annunciation*, pared right down to the architectural framework. The space, however, still has a powerful, permanent quality. It is about testing the image, seeing whether it can be taken apart and still hold together. Although speechless, the image does still continue to challenge, it asserts in an indirect way the void that engulfs it. Where have the Archangel Gabriel and Mary gone? A few drawings further on, the angel's wing turns out be an epiphany. With one short word in commentary: "weeps."

Whatever the compositional solution chosen by the artist, the white of the paper functions as a weightless space in which to give thought a free rein, an area constellated with details in which ties are freely made between an element and its satellite. This place with no landmarks in space-time is where the images are moved and condensed as if in a dreamlike state. A press image thus becomes a Gertsch, a tomb by Friedrich, a Sol LeWitt. "All this must fall," says the artist. This in-between which is the medium is not neutral however; it bears traces of passage, the handprint of the artist who, in the time taken in the doing, has soiled the sheet with graphite. The paper here is a dense space, waiting for someone to look at it. It works like a vacuum that is filled with the breath of the artist and then of the viewer who reconstitutes the image through his own mental input. Didier Rittener's drawings are

BUSY
WORKIN
CLASS
WORKIN
CLASS
HERO

TOUCHE - MOI

TOUCHE - MOI

TOUCHE - MOI

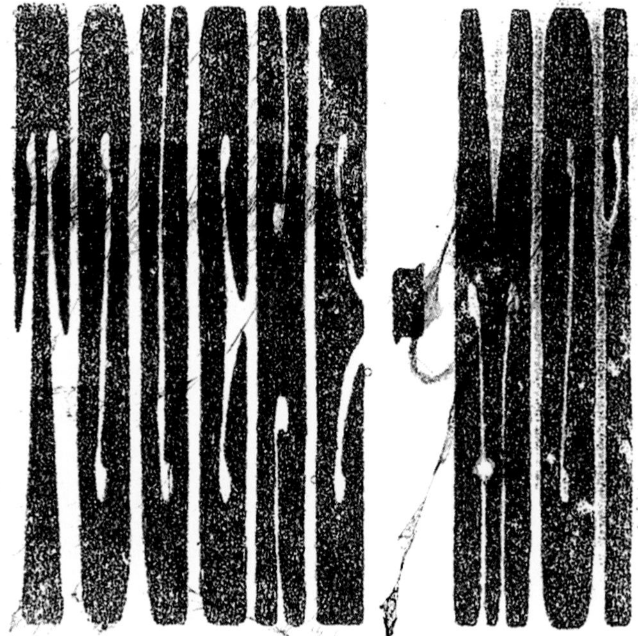

touche - moi

TOUCHE-MOI , touche - moi   touche - moi

in fact frequently populated by metaphors of representation, flies, bees, and butterflies that used to hide in the Vanitas works of the master painters. Marks of the suggestive power of the image designed to catch the eye, these details are also a memento mori underlining the mortifying dimension involved in any operation of representation.

There is indeed something silent in Didier Rittener. In an intervention at Môtiers, for an exhibition entitled "Art en plein air," the artist chose to occupy the enclosure wall of a disused quarry from which he brushed off the filth. The drawing here came not by adding but by removing material. By cleaning the wall, the artist revealed a phrase by Brett Easton Ellis, "Disappear here," produced with all the elegance of handwriting in pen and ink. The artist then is one who adds no new images to a world gradually disappearing beneath the pictures it churns out. The complex images of transparent jellyfish—only barely visible, so delicate is their outline—are another example of this withdrawal. They function like spaces in which the eye loses its way. Like the images of orchids readily switching from plant to animal kingdom, they are places for absence and metamorphosis. It is all about searching the labyrinth of these silent visual clues for a path for thought.

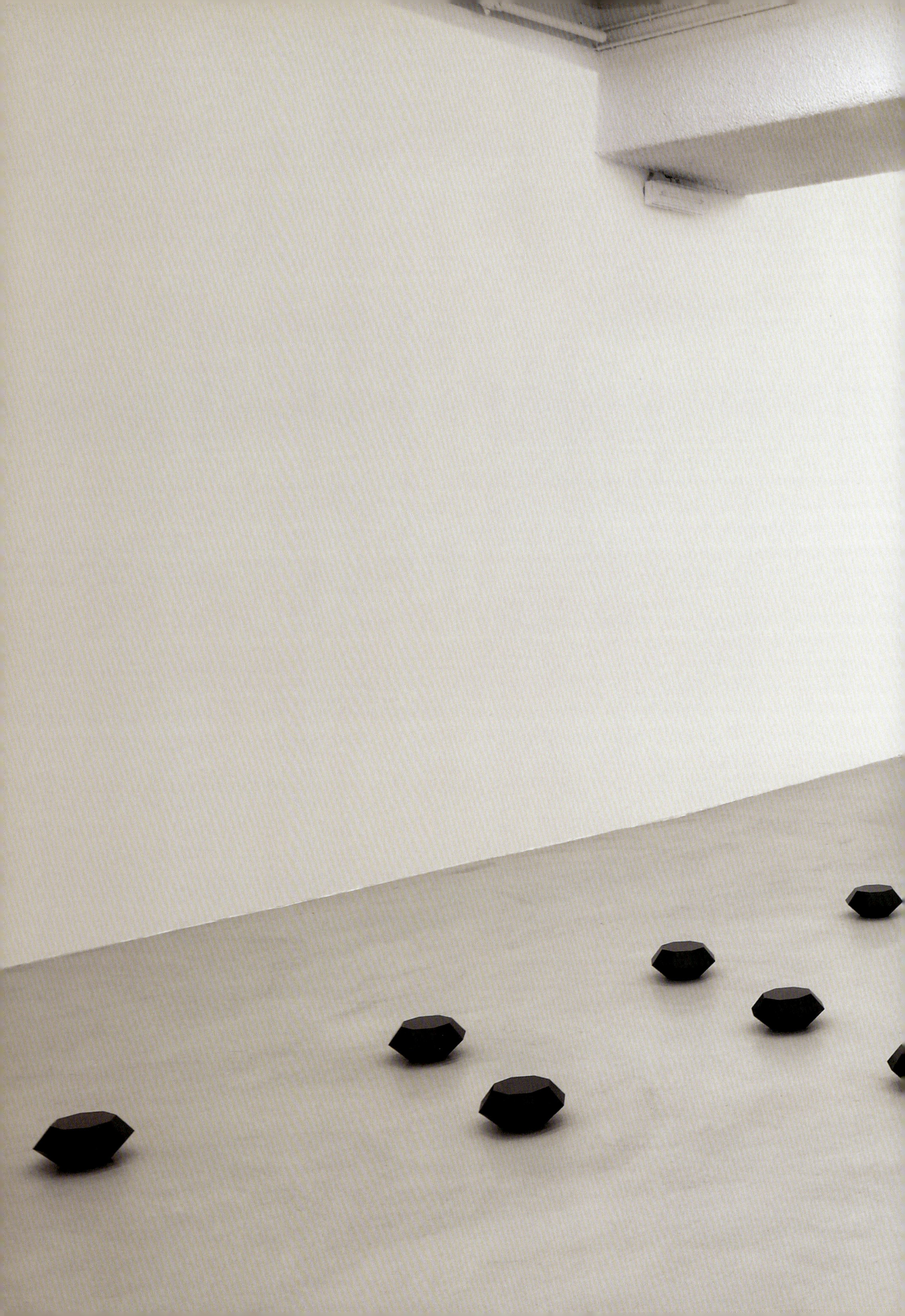

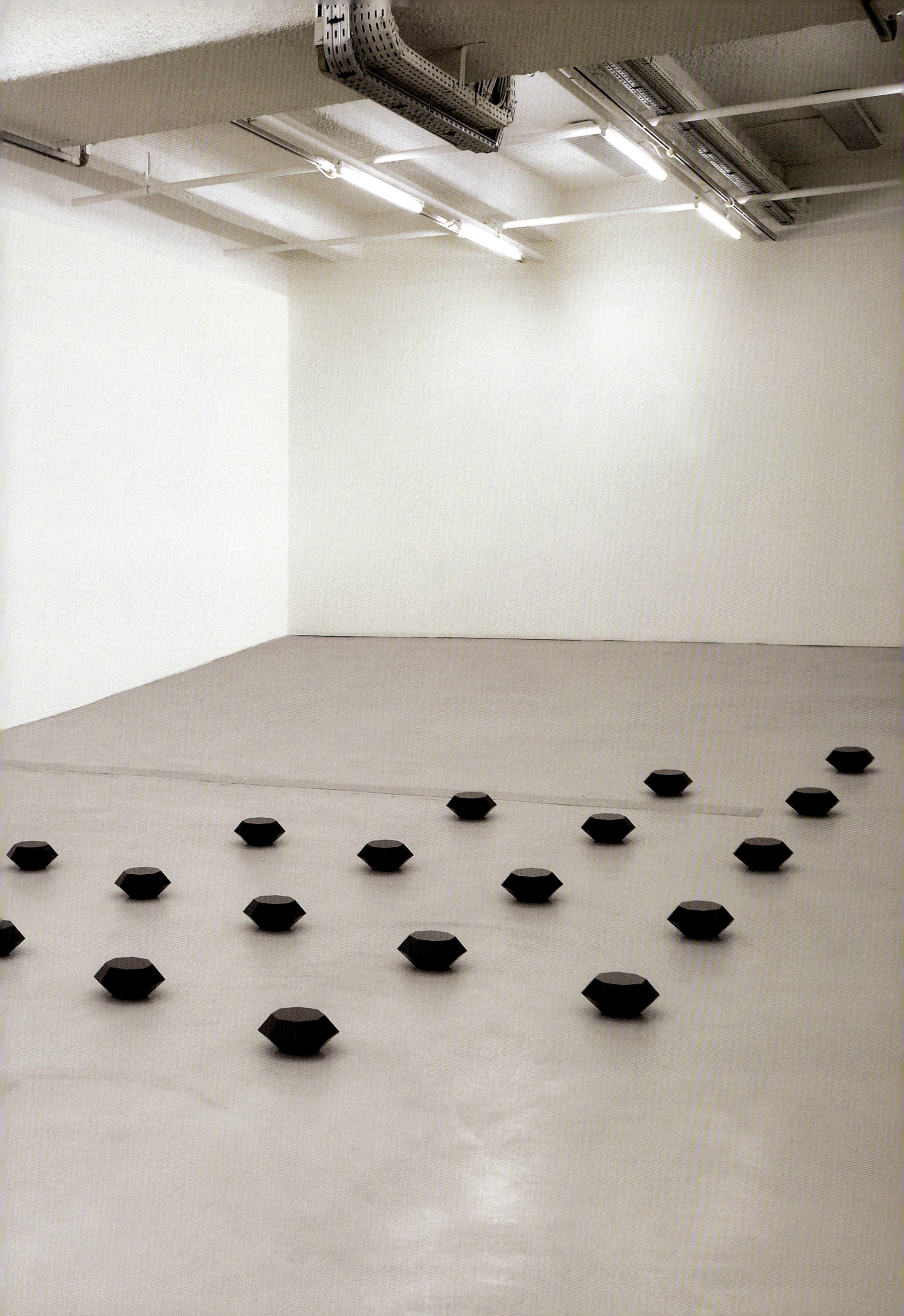

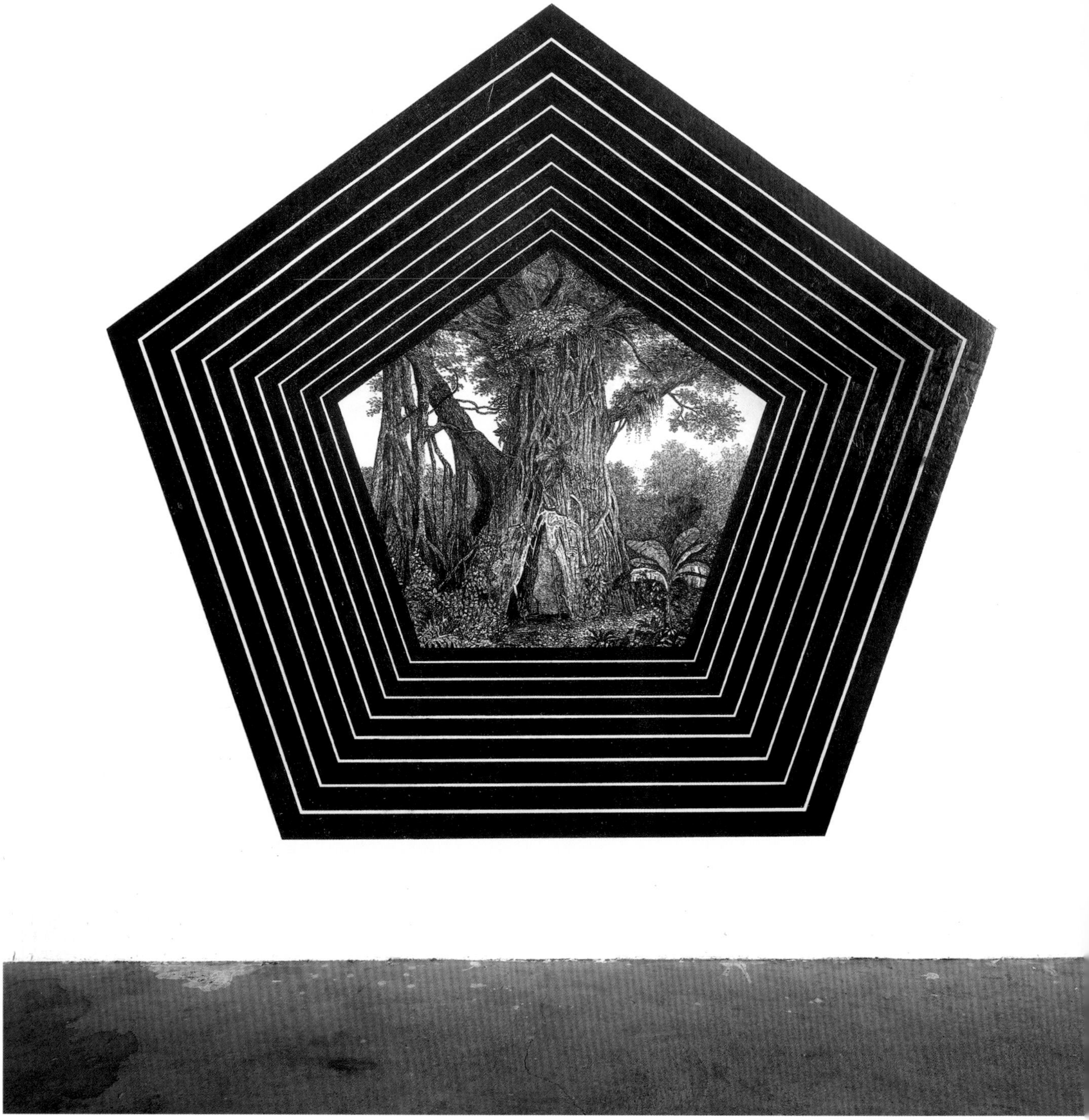

↑
AUTRE PART, 2004

←←
DANGER ZONE, 2004

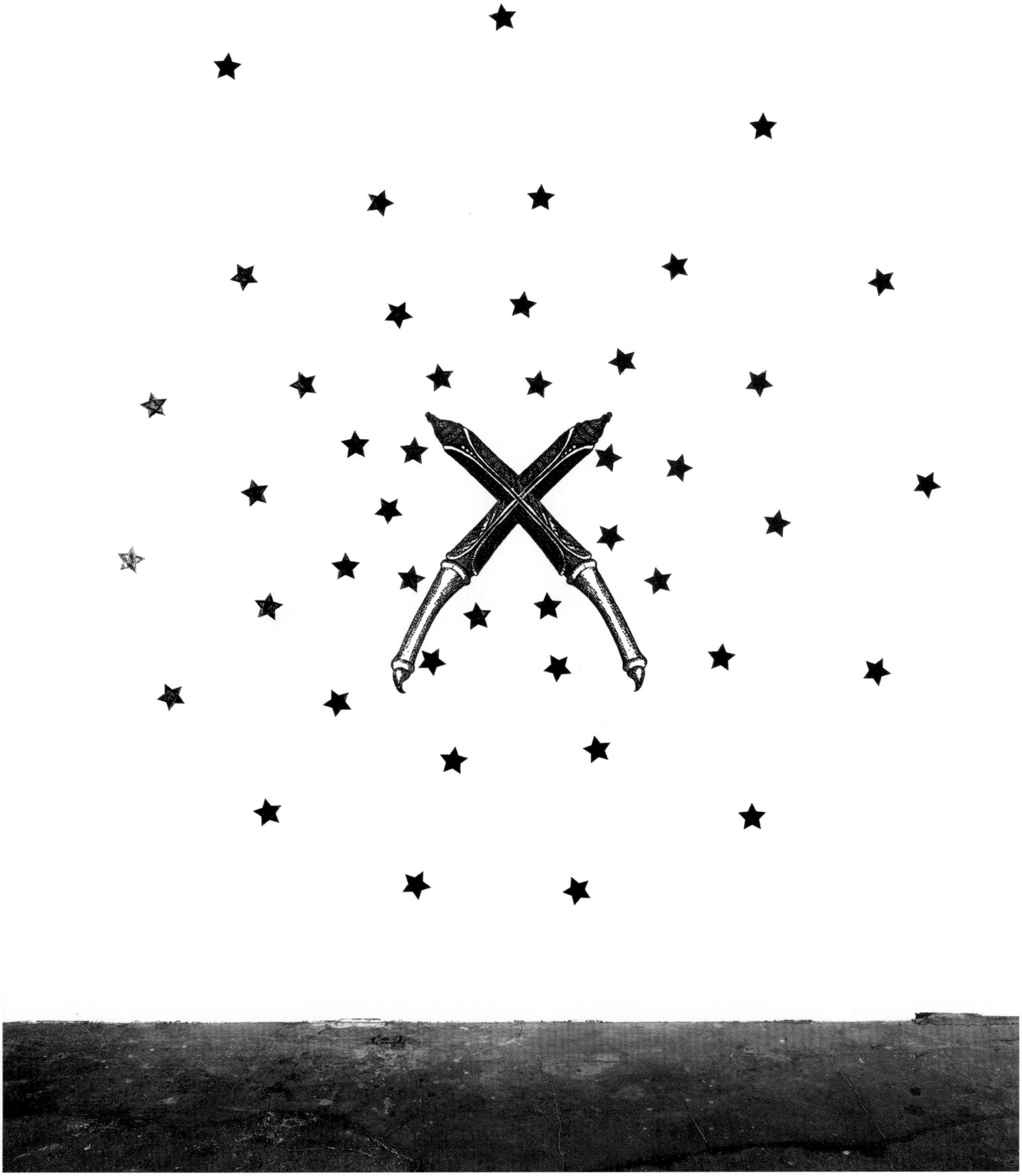

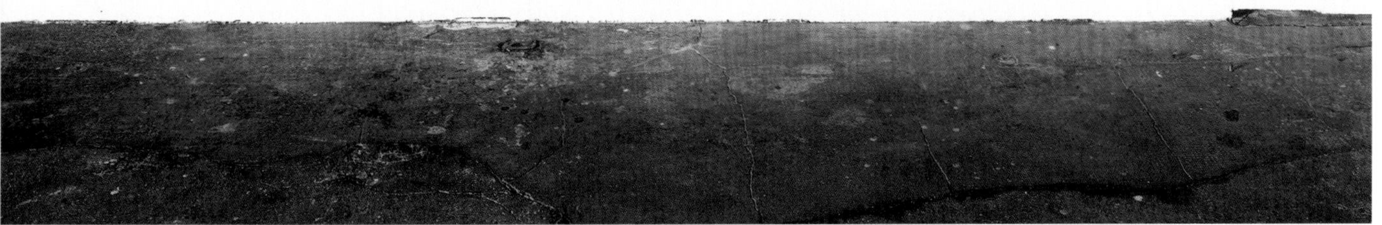

AUTRE PART, 2004

L'OURS, 2004

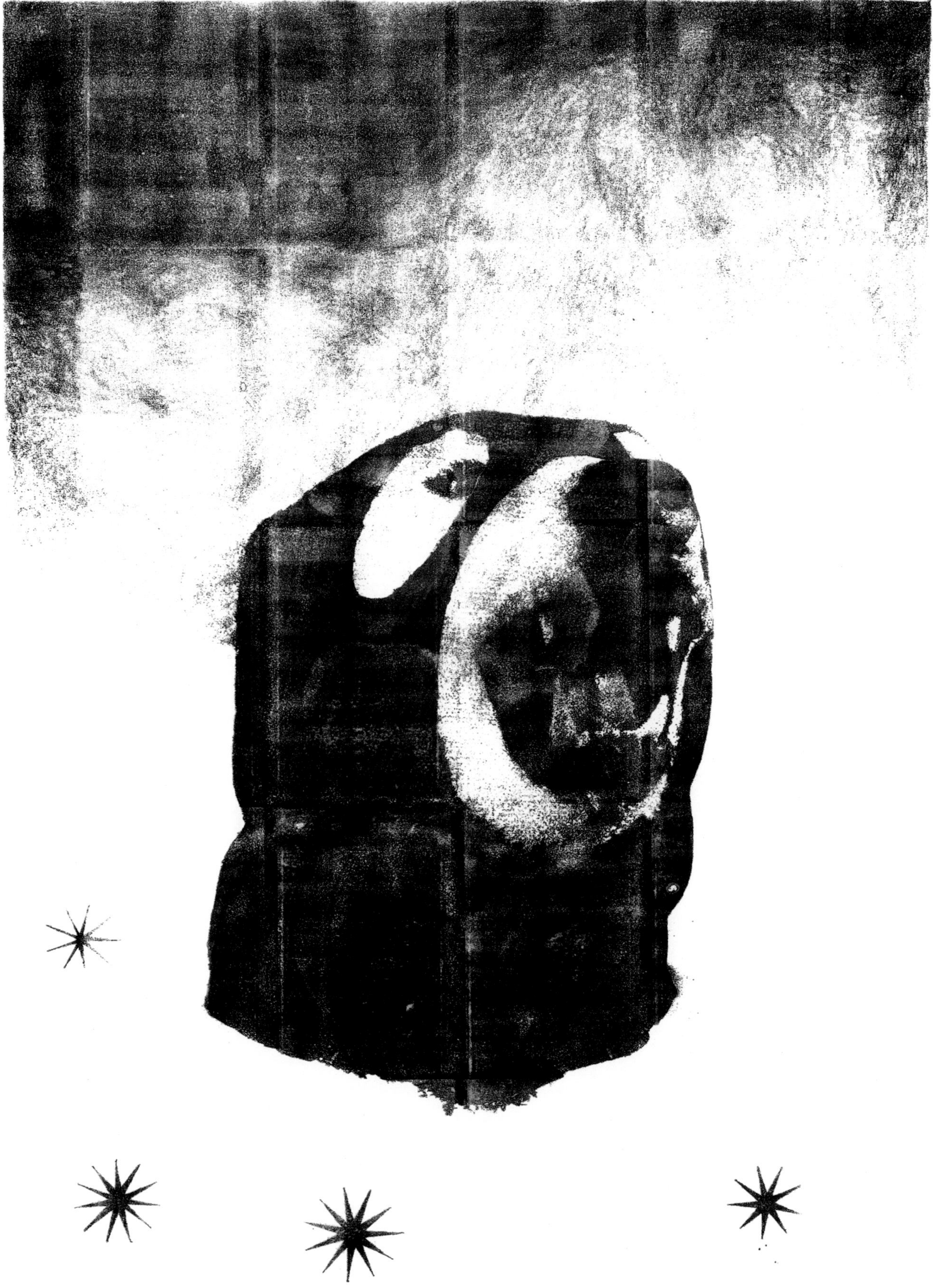

→
LION, 2004

→ →
L'INDIEN, 2004

→ → →
MUTANTS, 2004

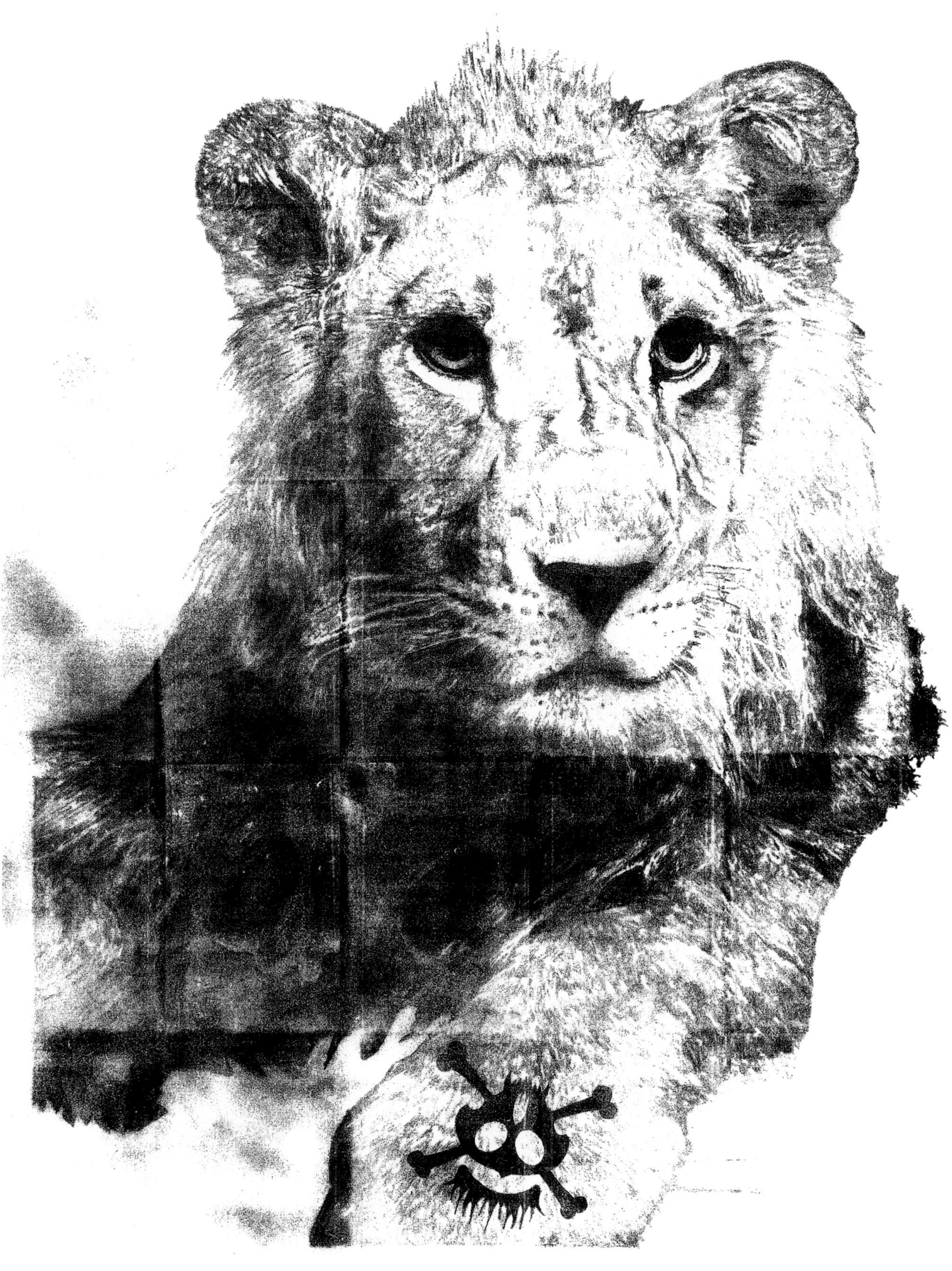

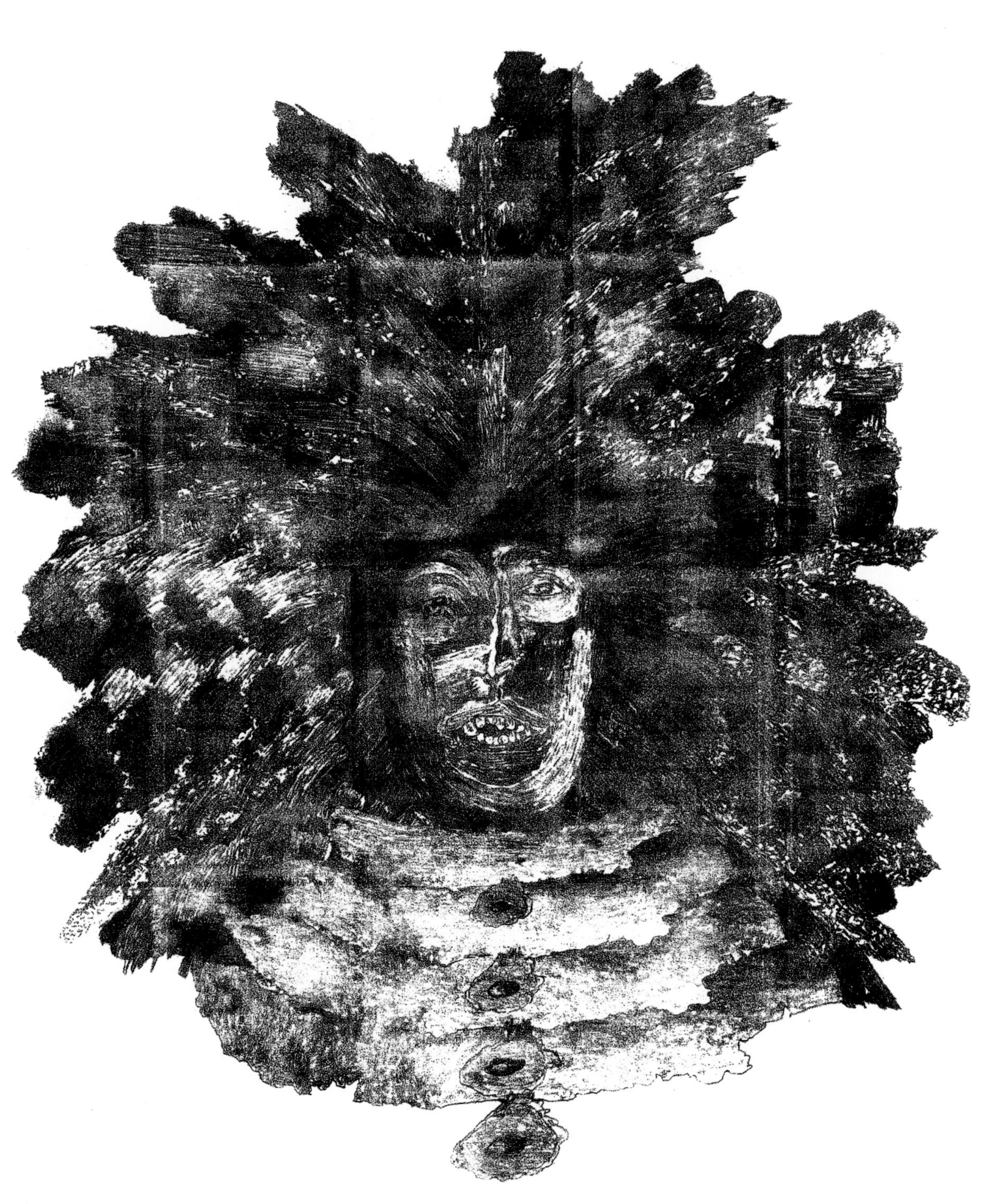

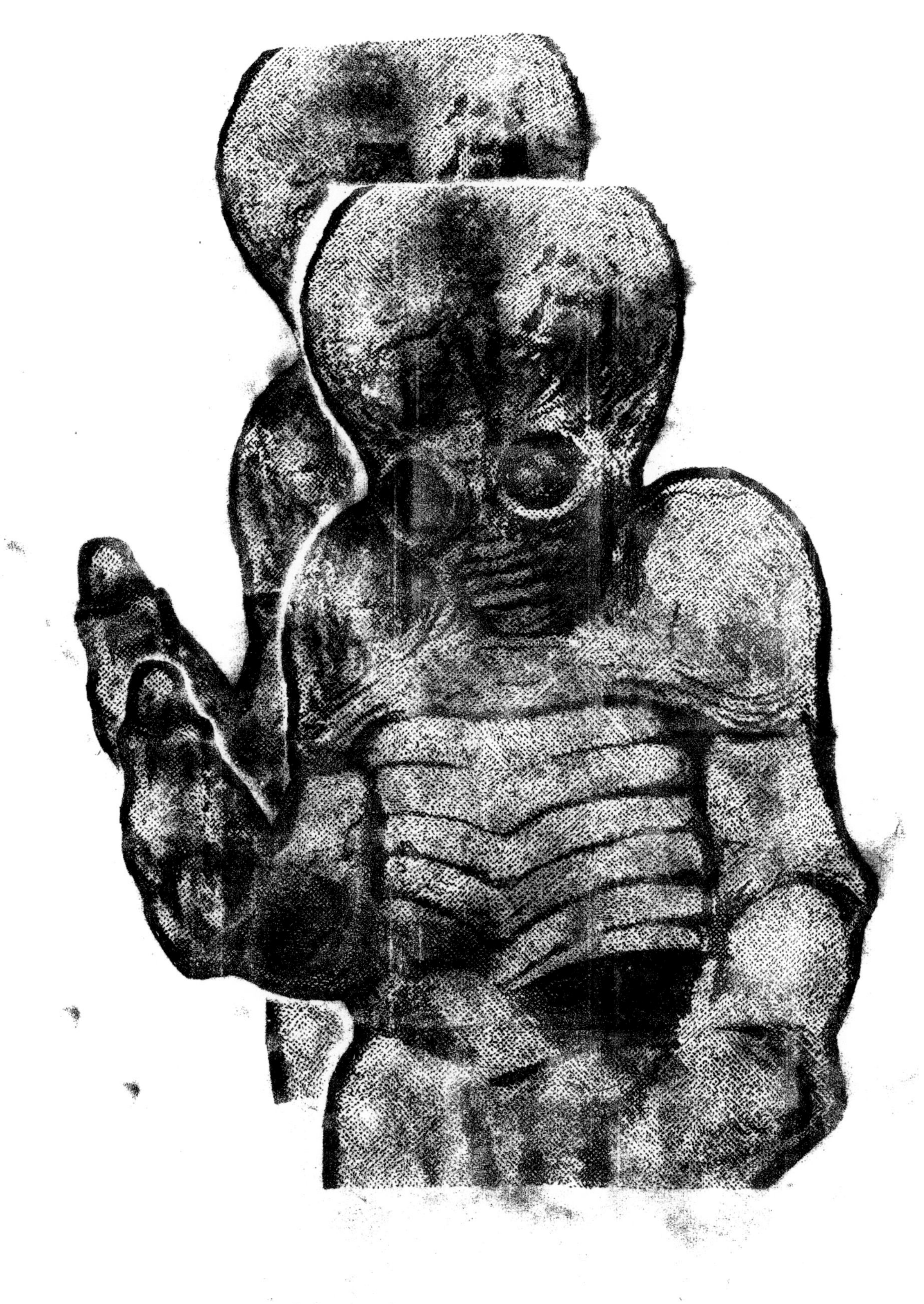

→
TRIPLES GRIFFES, 2004

→ →
BOUC, 2004

→ → →
L'HOMME PICS, 2004

→ → → →
LE ROI, 2004

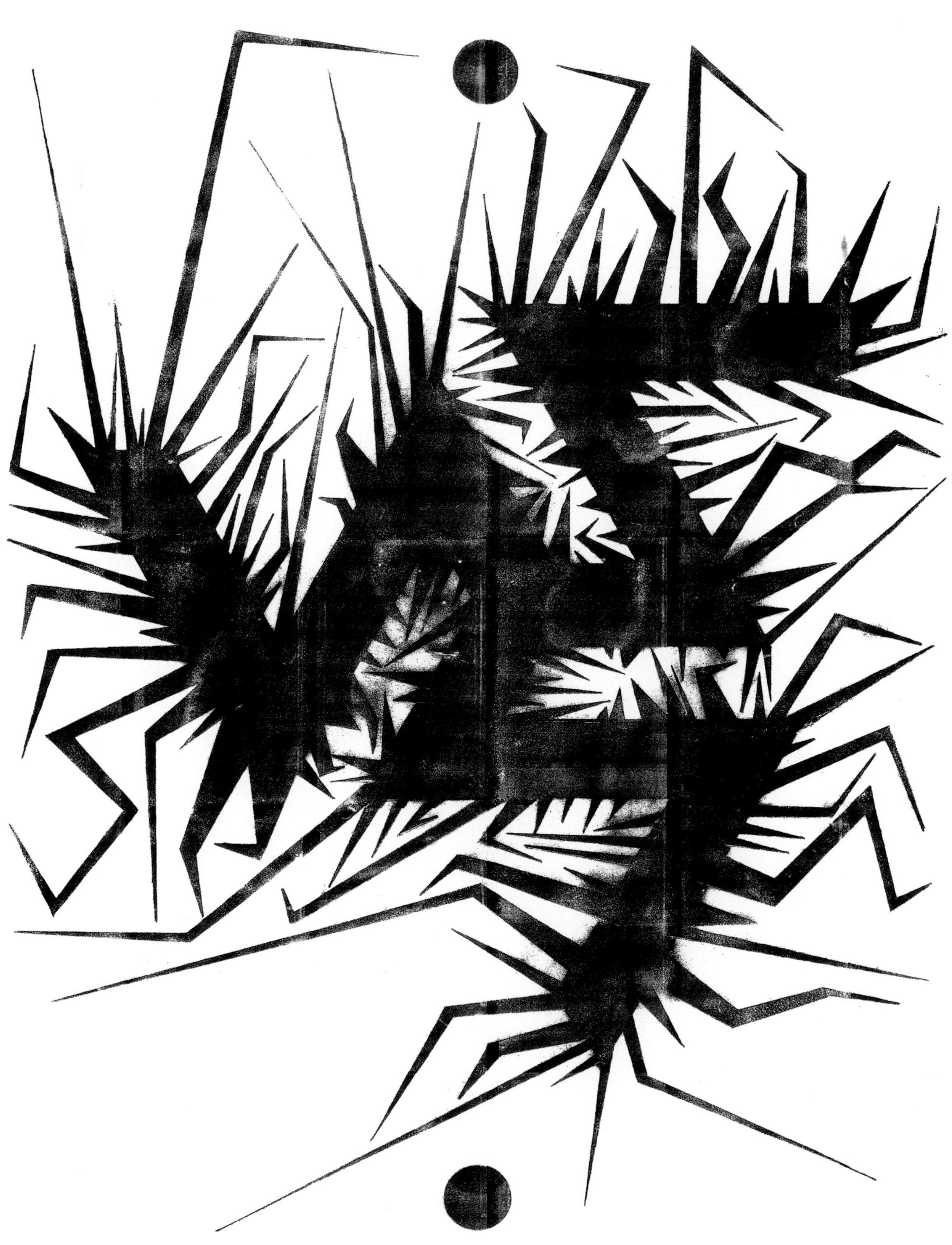

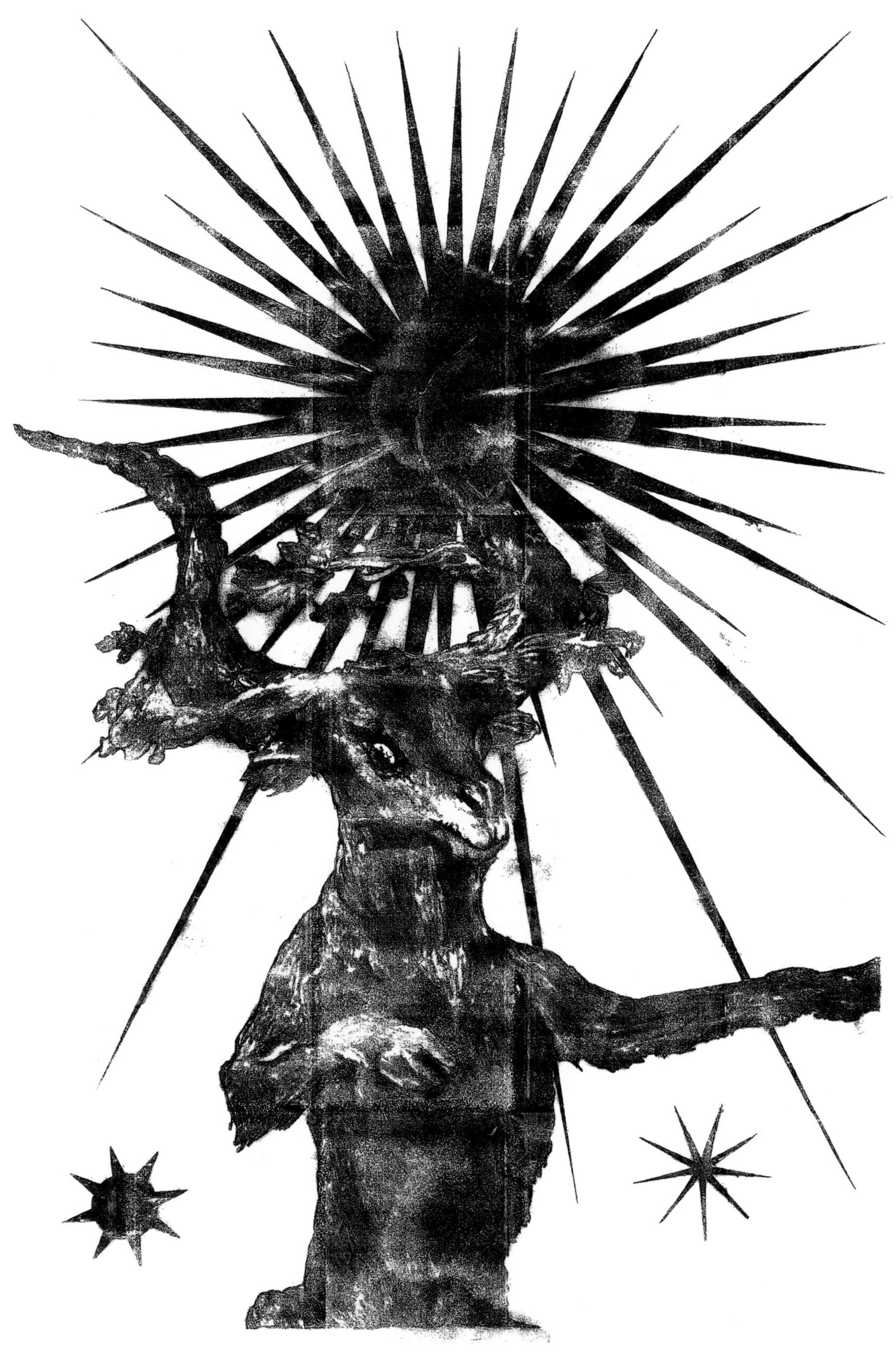

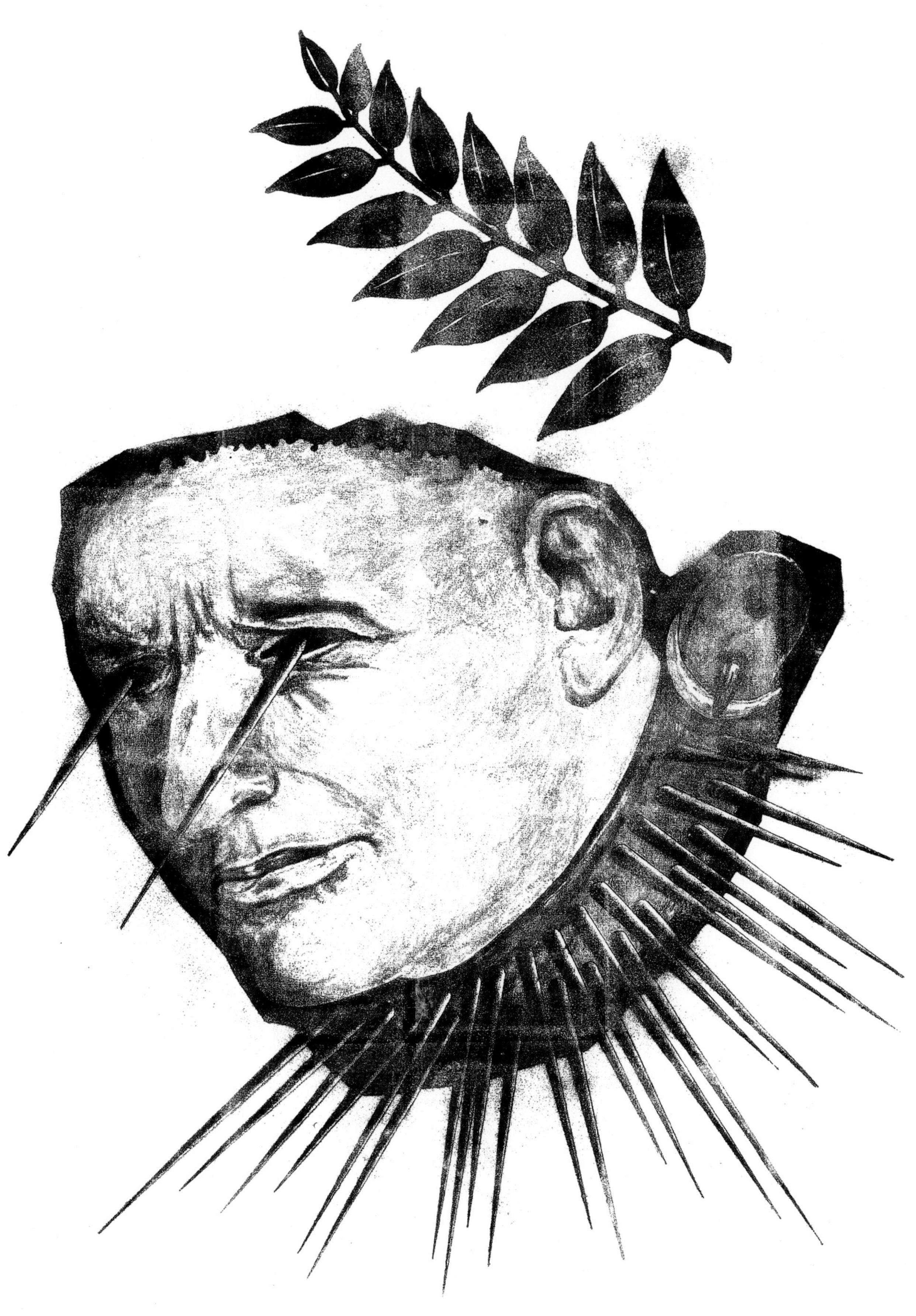

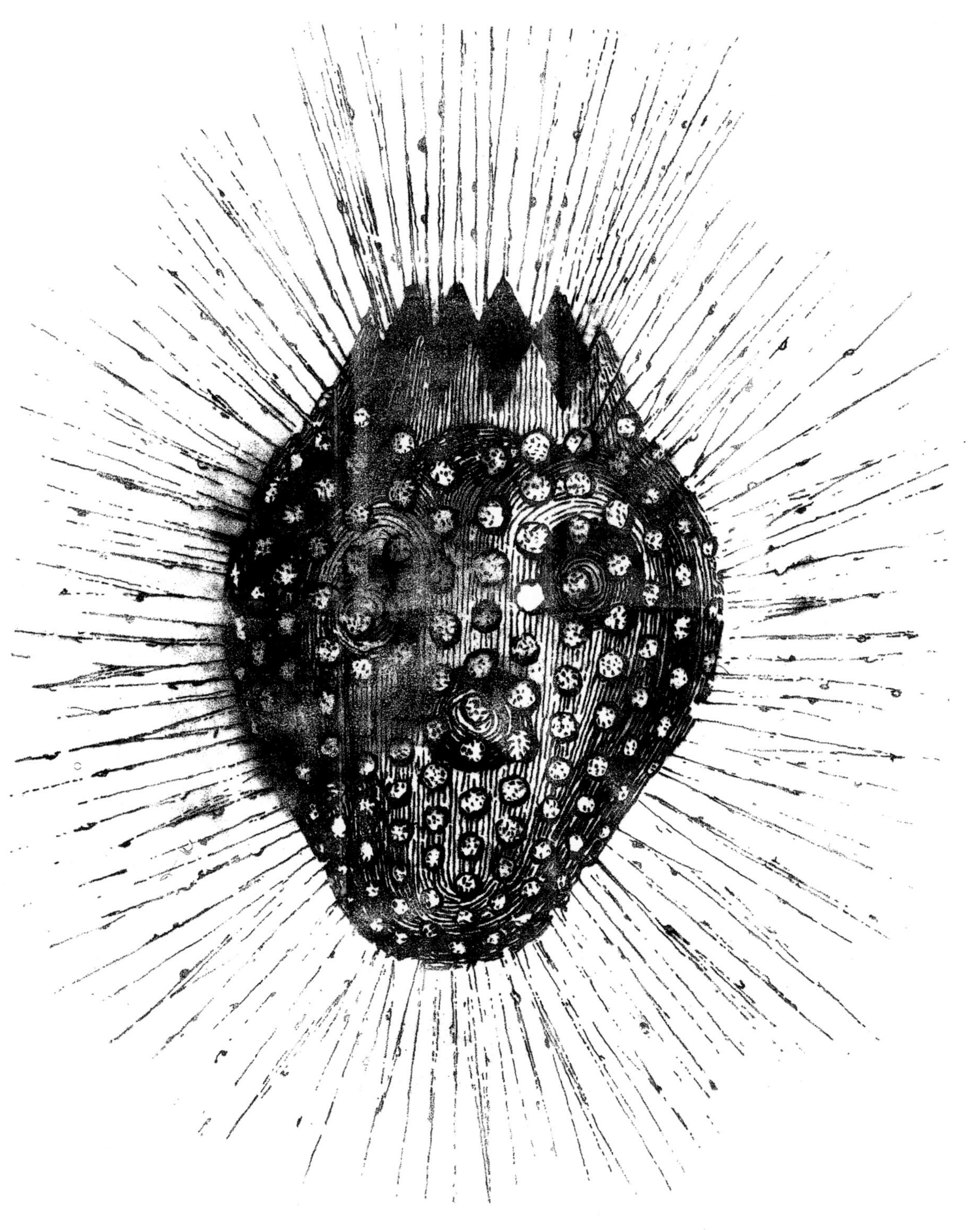

LES SIAMOIS, 2004 [p. 3]
Transfert sur papier, 210 x 150 cm

Vue d'exposition, Circuit, Lausanne, 2002 [p. 7]
Dessin transféré sur papiers encollés au sol,
dimensions variables

UN JARDIN ÉTRANGER, 2003 [p. 8-9]
Dessin mural
Vue d'installation, Galerie &: In situ, Paris, 2003

TAPISSERIE, 2002 [p. 10–11]
Dessins transférés sur papiers encollés au mur,
dimensions variables
Vue d'installation, Circuit, Lausanne, 2002

NOUS SOMMES LE MONDE, 2003 [p. 16]
Crayon gris sur papier, 139,5 x 231,5 cm

PAYSAGE, 2003 [p. 16]
Crayon gris sur papier calque, 29,7 x 21 cm

SANS HASARD, 2003 [p. 22]
Crayon gris sur papier calque, 29,7 x 21 cm

ARCHITECTURE, 2003 [p. 23]
Crayon gris sur papier calque, 29,7 x 21 cm

L'HOMME AUX LUNETTES, 2004 [p. 27]
Transfert sur papier, 210 x 150 cm

L'HOMME AUX QUATRE YEUX, 2004 [p. 28]
Transfert sur papier, 210 x 150 cm

PETITE FILLE, 2004 [p. 29]
Transfert sur papier, 210 x 150 cm

APOLLON, 2004 [p. 31]
Transfert sur papier, 210 x 150 cm

EVE, 2004 [p. 32]
Transfert sur papier, 210 x 150 cm

L'HOMME AUX DEUX LUNES, 2004 [p. 33]
Transfert sur papier, 210 x 150 cm

MISSION : SAUVER LE MONDE, 2002 [p. 37]
Affiche, transfert sur papier, 100 x 70 cm

BUSY WORKING CLASS HERO, 2002 [p. 43]
Affiche, transfert sur papier, 100 x 70 cm

TOUCHE-MOI, 2002 [p. 44]
Affiche, transfert sur papie, 100 x 70 cm

DANGER ZONE, 2003 [p. 46–47]
25 objets, dimensions variables
Vue d'installation, le crédac, Ivry-sur-Seine, 2004

AUTRE PART, 2004 [p. 48/49]
Dessins muraux, work in progress
vues d'installation, Attitudes, Genève, 2004

L'OURS, 2004 [p. 51]
Transfert sur papier, 210 x 150 cm

LION, 2004 [p. 53]
Transfert sur papier, 210 x 150 cm

L'INDIEN, 2004 [p. 54]
Transfert sur papier, 210 x 150 cm

MUTANTS, 2004 [p. 55]
Transfert sur papier, 210 x 150 cm

TRIPLES GRIFFES, 2004 [p. 57]
Transfert sur papier, 210 x 150 cm

BOUC, 2004 [p. 58]
Transfert sur papier, 210 x 150 cm

L'HOMME PICS, 2004 [p. 59]
Transfert sur papier, 210 x 150 cm

LE ROI, 2004 [p. 60]
Transfert sur papier, 210 x 150 cm

DISPARAÎTRE ICI, 2003 [p. 64]
Brossage sur mur, *Môtiers 2003. Art en plein air*

BIOGRAPHIE

Né à Lausanne (CH) en 1969
Vit et travaille à Lausanne (CH)

1998
Membre fondateur de l'association d'art contemporain
Circuit à Lausanne (CH)
1991–1996
Ecole cantonale d'art de Lausanne, ECAL (CH)

PRIX ET RÉSIDENCES
2005
Prix Manor (CH)
2004
Villa Arson, Nice (F), résidence
Prix fédéral d'art (CH)
Prix Moët & Chandon (CH)
Prix Providentia Young Art (CH)
1997
Atelier vaudois du 700e, cité internationale des arts,
Paris (F), résidence

EXPOSITIONS PERSONNELLES (SÉLECTION)
2005
Neue Kunst Halle St.Gallen, St.Gallen (CH)
Liste 05, Basel (CH), galerie Evergreene
(avec Pierre Vadi)
Eccentric Society, Musée Cantonal des Beaux-Arts,
Lausanne (CH), Prix Manor*
Inner Space, l'elac, Lausanne (CH), Prix Moët & Chandon
2004
Autre part, work in progress, Attitudes, Genève (CH)
Espace St-François, Lausanne (CH)
2003
Mais il était déjà trop tard, Néon, diffuseur d'Art
Contemporain, en résonance avec la Biennale d'Art
Contemporain à Lyon et en région Rhône-Alpes, Lyon (F)
2002
Nuits blanches, Circuit, Lausanne (CH)
2000
Revues, Banque Cantonale Vaudoise, Lausanne (CH)
Mouse and, Espace libre – centre PasquART, Bienne (CH)
(sur une proposition de Stéphanie Bédat)
1998
Amusements domestiques, galerie Gaxotte, Porrentruy
(CH)

EXPOSITIONS COLLECTIVES (SÉLECTION)
2005
I Sotterranei dell'Arte, Antico Monastero
delle Agostiniane, Monte Carasso (CH)
*Sentieri e Avvistamenti. Giovane arte contemporanea
in Svizzera. Una selezione di Fondazione Svizzera
per la cultura, Pro Helvetia*, CAMeC, Centro Arte
Moderna e Contemporanea della Spezia, La Spezia (I)
(organisée par Bettina Della Casa)
2004
La partie continue 2, Le Crédac, Ivry-sur-seine (F)*
Artissima 2004, Torino (I), galerie Arte e ricambi
Vivre sa vie, Centre d'art en l'Ile, Genève (CH)
(sur une proposition d'Alexia Turlin)
Filiale, Basel (CH)
Lasko – wallpainting en Suisse, CAN, Neuchâtel (CH)
(organisée par Gauthier Huber)
Cahiers d'artiste, Museo Cantonale d'Arte, Lugano (CH)
Comment rester zen, Museum am Ostwall, Dortmund (D)
Schwarz auf weiss, Kunstmuseum Solothurn,
Solothurn (CH) (organisée par Katharina Ammann)*
Circuito, galerie Arte e ricambi, Verona (I)
2003
Buenos dias Buenos Aires, MAMbA, Buenos Aires (AR)
(organisée par Attitudes)*

Lee 3 Tau Ceti Central Armory Show, Villa Arson,
Nice (F) (sur une proposition de Stéphane Magnin)*
Complètement à l'ouest, ZOO galerie, Nantes (F)
Môtiers 2003. Art en plein air, Môtiers (CH)*
Present Perfect, galerie &: in situ, Paris (F)
Comment rester zen, Centre Culturel Suisse, Paris (F)
2002
TIGERLAND, Frac Basse Normandie, Caen (F)
(sur une proposition de Stéphane Magnin)
Cache-cache camouflage, mu.dac, Lausanne (CH)*
Collection de la BCV, Musée Jenisch, Vevey (CH)*
2001
Enter, Villa Kunststiftung Baden-Württemberg,
Stuttgart (D)
Quotidien aidé (les locataires), Ecole supérieure
des Beaux-Arts, Tours (F) (organisée par
Frank Lamy)*
2000
Collective, Immanence, Paris (F)
Circuit / Connexe, galerie EOF, Paris (F)
1999
9.0, galerie du Web bar, Paris (F) (organisée par
Frank Lamy)
Circuit, Kunstsalon Céleste & Eliot, Zürich (CH)
Marius, César & Epipèhanie, Nouvelle galerie,
Grenoble (F)
1998
Circuit, avenue d'Echallens 2, Lausanne (CH)
Morphing Systems, morphing 4, Klinik, Zürich (CH)*
Commerce, galerie Gaxotte, Porrentruy (CH)
Alternative space.ch, programme In Vitro,
12 / 07 / 1998, *Freie Sicht aufs Mittelmeer*,
Kunsthaus Zürich, Zürich (CH)*
1997
Editions de l'école cantonale d'art de Lausanne, l'elac,
Lausanne (CH)*
Perspectives Romandes, Espace Arlaud, Lausanne (CH)*
1996
Exposition des diplôme suisses, Centre PasquART,
Bienne (CH)

BIBLIOGRAPHIE (SÉLECTION)

2005
Corti, Barbara & Jetzer, Gianni, «Didier Rittener»
Miuze, Zürich, n° 5, été
2004
Rittener, Didier, *Libre de droits*, Editions de l'Ecole
supérieure des Beaux-Arts, Genève, Attitudes –
espace d'arts contemporains, Genève, Centre pour
l'image contemporaine, Saint-Gervais, Genève
2003
Le Sergent, Daphné, «Didier Rittener», *exporevue.com*,
Paris, juillet
2002
Rahm, Philippe, «Didier Rittener», *art press*, Paris,
n° 284, novembre, p. 74
Huber, Gauthier, «Nuits blanches», *Kunst-Bulletin*,
Stäfa, octobre, p. 44-45
Lavrador, Judicaël, «architecture, art, paysage»,
Parpaings, Paris, n° 30 , février, p. 24-25
Prod'Hom, Chantal et Rahm, Philippe,
Didier Rittener, Collection Cahiers d'Artistes, Pro
Helvetia, Fondation suisse pour la culture
2001
Rittener, Didier, *On Speed*, auto-édité, Lausanne
2000
MIX (éd.), «On», *Revue d'art et de littérature*, Paris,
n° 2, novembre
1997
Rittener, Didier, *Color. Dessins géométriques &
dessins subjectifs*, Editions de l'ECAL, Ecole
cantonale d'art de Lausanne

Cet ouvrage paraît à l'occasion de l'exposition *Didier Rittener. Eccentric Society* (Prix Manor Vaud 2005), au Musée cantonal des Beaux-Arts, Lausanne (du 9 avril au 15 mai 2005) et à la Neue Kunst Halle St.Gallen (du 2 septembre au 6 novembre 2005).

EXPOSITIONS

MUSÉE CANTONAL DES BEAUX-ARTS DE LAUSANNE

COMMISSARIAT GÉNÉRAL
Yves Aupetitallot (directeur chargé de mission)

COMMISSARIAT DE L'EXPOSITION
Ralf Beil (conservateur)

AVEC LE CONCOURS DE
Florence Pittot (communication)
Yvan Mamin (administration)
Anne Moix (secrétariat)

TECHNIQUE
Francis Devaud (chef technique)

AVEC LE CONCOURS DE
Jean-Claude Ducret, Jean-Jacques Bussard,
Claude Héritier

Musée cantonal des Beaux-Arts
Palais de Rumine
Place de la Riponne 6 – C.P.
CH–1014 Lausanne
T 41 (0) 21 316 34 45
F 41 (0) 21 316 34 46
E info.beaux-arts.vd.ch
www.beaux-arts.vd.ch

NEUE KUNST HALLE ST.GALLEN

COMMISSARIAT DE L'EXPOSITION
Gianni Jetzer (commissaire)

AVEC LE CONCOURS DE
Burkhardt Meltzer (commissaire assistant)
Brigitte Kemmann (administration)
Michael Abele (technique)
Cornelia Harb (surveillance)
Stefan Wagner (stagiaire)

Neue Kunst Halle St.Gallen
Davidstrasse 40
CH–9000 St.Gallen
T 41 (0)71 222 10 14
F 41 (0)71 222 12 76
E info@k9000.ch
http://www.k9000.ch

Une exposition Prix Manor

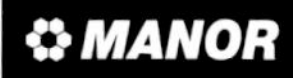

PUBLICATION

EDITÉ PAR
Yves Aupetitallot

RÉDACTION
Lionel Bovier, Clare Manchester

TRADUCTIONS
Français-anglais
    John Lee (Catherine Macchi de Vilhena);
    Clare Manchester (Préface)
Allemand-anglais
    Judith Hayward (Ralf Beil)
Allemand-français
    Françoise Senger (Ralf Beil)

CONCEPTION GRAPHIQUE
Gavillet & Rust

ASSISTANCE
Fabian Monod

COUVERTURE
Didier Rittener, *X*, 2004
Dessin informatique

CRÉDITS PHOTOGRAPHIQUES
Virginie Otth (p. 3, 7, 10-11, 16 haut, 27, 28, 29, 31, 32,
33, 37, 43, 44, 51, 53, 54, 55, 57, 58, 59, 60)
Georg Rehsteiner (p. 48, 49)
Marc Domage (p. 8-9)
André Morin (p. 46-47)
Didier Rittener (p. 16 bas, 22, 23, 64)

FABRICATION
Musumeci S.p.A., Quart (Aosta)

CARACTÈRE TYPOGRAPHIQUE
Hermes Sans (www.optimo.ch)

REMERCIEMENTS
Jean-Paul Felley, Olivier Kaeser, Pierre Keller,
Philippe Nordmann, Virgine Otth, Roland Rittener

PUBLIÉ PAR
JRP|Ringier
Letzigraben 134
CH–8047 Zurich
T +41 (0)43 311 27 50
F +41 (0)43 311 27 51
E info@jrp-ringier.com
www.jrp-ringier.com

ISBN 2-940271-72-0

REMERCIEMENTS
L'exposition et la publication ont également bénéficiés
du généreux soutien de :
Ernst und Olga Gubler-Hablützel-Stiftung, Zurich

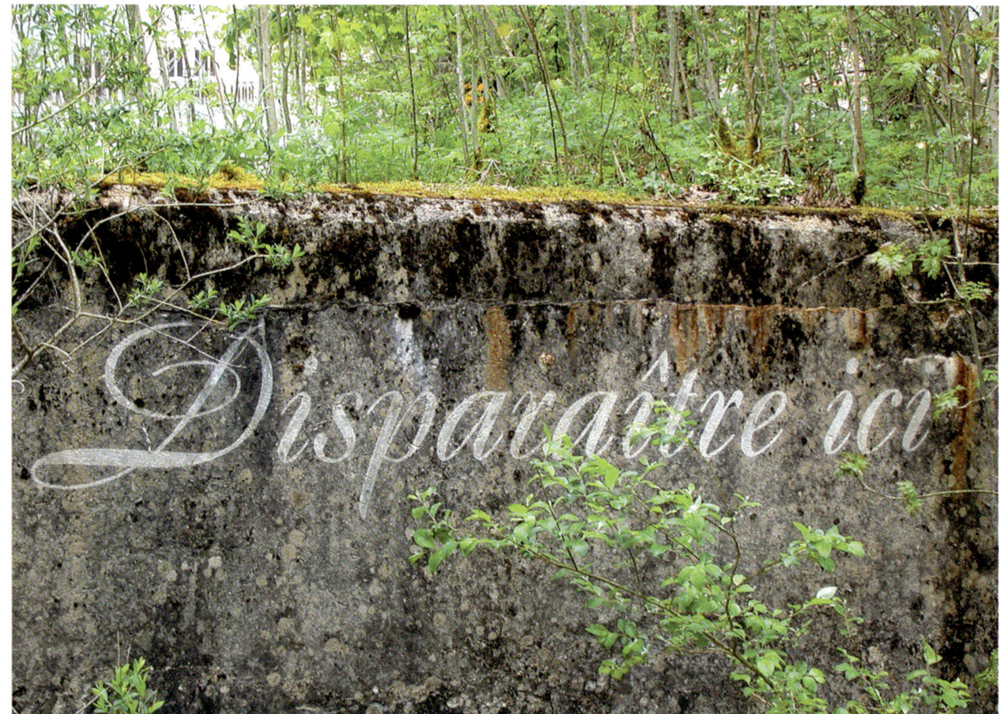

DISPARAÎTRE ICI, 2003